学力観ではなく、
学力そのものが
カタチを
変えている

「知識」を「構造化」し、
子供自らが「概念」を形成する
学びの姿とは?

マナビズム

「知識」は変化し、
「学力」は進化する

奥村高明
Okumura Takaaki

東洋館出版社

はじめに

本書は、教師を志そうとする学生や新人教師、そして「しばらく経験を積んだ先生」を対象に執筆しました。

ここで言う「しばらく経験を積んだ先生」とは、最初は夢中で仕事をしていたものの、数年たって「子供が変わってきた」「先生の仕事量が増えた」「新しい学習指導要領に対応する授業って…」など、悩みが多くなった先生のことです。

新しい知見が次々とマスコミをにぎわせ、大学で学んだ学問はすでに時代遅れのように感じています。「もっと先生として伸びたい」とも思うのですが、学び直す時間もなく、少々焦りがあります。

本書はそのような「しばらく経験を積んだ先生」と、学生や新人教師などの若者たちが、教育について立ち止まって考えるための参考資料であり、手元において軽く読めるようなハンドブックだと考えています。

現時点で私が把握している研究成果や情報などをもとに、「子供をどのようにとらえればよいのか」「育てたい学力とは何か」「教師の指導はどうあるべきか」などについて、教師が自らの教育観や教育方法を補強できるようなヒント、あるいは言説に振り回されないための知見などを簡単に分かりやすく提供しています。

第1章及び第2章は「子供観」です。

子供は所与のものではなく、学校という文化に関わりながら社会的に構築された存在であることを述べています。子供も、学校も、現時点における一つの形でしかないことを確認し、だからこそ、教師は自らも含めて変わり得ることを確かめます。

第3章は、「学力観」です。

今、子供の学力そのものが変化しています。大人と子供との「学力の乖離」や「認識のずれ」も起きています。新学習指導要領が示す学力は、ある意味、最先端の学力であり「すごくいい」のですが、それゆえすべてを理解することがむずかしい側面もあります。そこで、主に知識を取り上げて、学力のとらえ方について考えます。

第4章は「教師観」です。教師が教育において大切な存在であることを統計的な分析を紹介しながら検討します。

第5章、6章、7章は「授業観」です。

日本の教師の指導力は、授業を共同で研究し合う学校文化によって育まれてきました。私たちは卓越した「子供を見る力」と「子供と対話する力」を身に付けています。質的な研究や実践例などから具体的に検証します。

各章で取り上げたテーマは、いずれも1冊の本にも匹敵する規模（内容量）を要するもので、紙幅の関係上、かなり絞り込んだ書き方になっています。深く知りたい読者は、注に示した文献や書物を当たってもらえれば、より深く理解できると思います。

ここ数年、少子化の進展、人工知能などの発達、仕事の変化、学習指導要領の改訂、アクティブ・ラーニングやカリキュラム・マネジメントなど、学校や学習に関わる状況はかなり変化しています。そのような状況において、本書が子供や学力、教師や授業などを見つめ直し、目の前の子供たちとともに、新しい知恵を紡ぎ出す手助けになれば幸いです。

平成30年6月吉日　奥村　高明

〈目次〉

第3章 「知識」は変化し、「学力」は進化する

第4章 教育の効果、その最大要因は「教師」

第7章　授業三つの忍術［その③］発信の術

〈エピローグ〉 研究授業は「一人の子しか見ない！」

第1章

「子供」という概念――それはどのようにして生まれたのか

「子供―学校」という概念

教育の世界でかけがえのない存在である「子供」…それは、**社会的につくりだされた概念**だと言われます。

この先駆的な指摘は、フランスの歴史学者フィリップ・アリエスによるもので、すでに60年近く前に発表されました①。

アリエスによれば、「中世ヨーロッパでは教育という概念も、子供時代という概念もなかった」といいます。当時は7～8歳になると徒弟修業に出され、それ以降

資料1　子供服を着る子供

「子どもらしい顔をして子どもらしいかっこうをしていて、いかにも〝子ども〟という感じがします」
J.H. ヴァン・デン ベルク著／立教大学早坂研究室訳『現象学の発見』勁草書房、1988 年、163 頁より引用

は飲酒も喫煙も可能で、大人と同等に扱われていました。そのため、身につける衣類も、大人と同じものを小さくしただけでした。

それに対して、時代を経ると、子供たちは子供専用の服を着るようになります[②]（**資料1**）。子供らしい色やデザインの服を身につけ、ともすれば手元にはぬいぐるみやおもちゃを手にします。可愛いらしい存在としての子供の登場です。

「子供」をつくりだす大きな要因の一つが「学校」です。近代国家において、就学年齢になれば子供は学校に集められ、国の宝として大切に育てられます。「学校で学ぶべき子供」の誕生です。

学校では、同じ年齢の子供たちが同じ学年としてクラスに編成されます。同じ内容を教えるのには同質な集団のほうが効率よく、そのなかで一人ひとりの能力や性質の違いがクローズアップされます。

1年ごとに学年を上げながら学習内容を高度化させるシステムは、高校や大学まで続き、人は青年期が終了するまで学校で学び続けます。

〈注①〉アリエスは、フランスの中世・近世社会研究を主とする歴史家。特に「家族」「子供」「死」をテーマとした。フィリップ・アリエス著／杉山光信・杉山恵美子訳『〈子供〉の誕生：アンシァン・レジーム期の子供と家族生活』みすず書房、1980年

〈注②〉ヴァン・デン・ベルク著、立教大学早坂研究室訳『現象学の発見　歴史的現象学からの展望』勁草書房、1988年、163、164頁

日本では、この制度を明治時代に輸入しました。それまで、子供はたくさん産まれて、そのうちの何人かが生き残って、貴重な働き手や跡継ぎになるという戦略でした[3]。今に比べると、平均寿命が低かった時代です。そう言うと、ついみな早死にだったと想像しがちですが、そうではありません。子供の低い生存率が、寿命の平均を押し下げていたのです。平均寿命が40歳だとしたら、多くの人々が40歳までに亡くなったわけでなく、成人した人は長生きしていました。葛飾北斎は88歳で亡くなりましたが、晩年ほど精緻で巧みな作品を描いています[4]（**資料2**）。

このような戦略をとっている社会で、明治5年（1872年）のある日突然、学制が導

資料2　西瓜図—北斎の晩年の作品

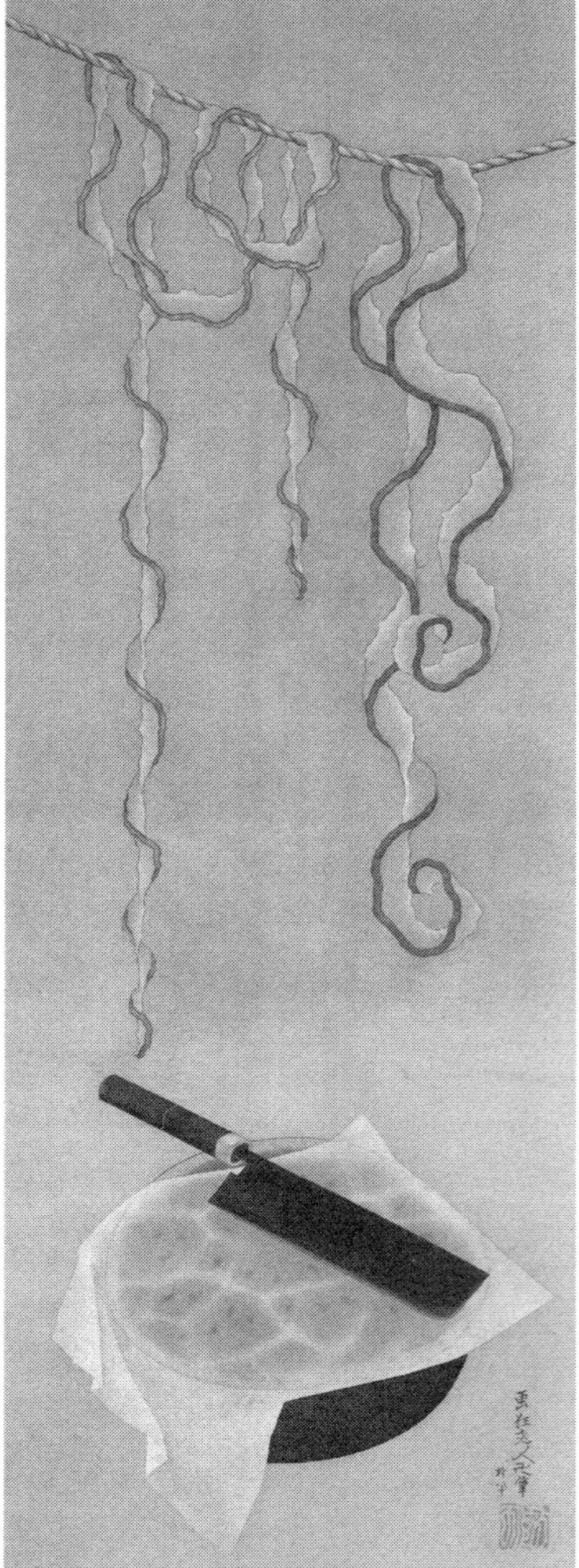

東京国立博物館「北斎展」図録、2005年、274頁
宮内庁三の丸尚蔵館

入されます。このことは、当時の親や家にとって、「貴重な働き手が学校に奪われる」ことを意味します。一家の生存が脅かされることへの反発の度合いは、近年のクレーマーの比ではありません。地域住民による「学校打ちこわし事件」が多発します。[5]

「集団で学校を壊す」とは激しい対決のようですが、社会と学校の衝突はどの時代でも起きています。村や地域などから、家や保護者へと次第に個別的になっていき、方法は「打ちこわし」から電話やスマホに変化しますが、対決自体なくなるわけではありません。

対決は一見不毛なように思われますが、見方を変えれば、ある種の概念が定着していくプロセスだということもできます。

近年では、平成17年〜18年にかけて小学校英語の導入について、賛成派と反対派が激論を交わしました。ずいぶん激しかったにもかかわらず、2年ほどたつと、詳しい議論やその理由は忘れ去られ、結局、「小学校？　英語だよね」という意識が世間に残ります。

〈注③〉この戦略は戦前まで続いている。私の父は7人兄弟（女4、男3）の6番目だったが、20代までに男性は1人亡くなり、1人は家を出て、女性は嫁いだので、跡継ぎは父となった。

〈注④〉北斎の絵は晩年になるにつれ、より精密で写実的になっていく。《西瓜図》という肉筆浮世絵は、北斎80歳の作で、スイカを薄く切った透明感は見事だ。ただ、北斎の晩年の肉筆画の彩色や精緻さは、三女の葛飾応為によるものとする指摘もある。

〈注⑤〉学校反対一揆、学校焼き討ちなど。私の故郷の宮崎県でも、第二小学校（現・大淀小学校）では、地域の親や大人などが瓦をこわしたり、窓を割ったりした記録が残っている。

概念が定着したのです。

対決を伴いながらも、「学校で学ぶべき子供」は、時間をかけながら確実に社会に浸透します。子供を働き手として見るのではなく、学校を卒業することで一人前の大人になるという見方が人々の間に広がっていきます。

第二次世界大戦後は、「学校教育法」「児童福祉法」「児童の権利に関する条約」など、各種の法令等が成立し、子供という概念は法的にも守られるようになっていきます。

学校制度が結婚を変える

学校制度が定着することによって生まれる「子供」は、「子供」だけには収まりません。私たち大人の考え方や習慣も変えていきます。

代表的なのは「大人」という概念です。「学校で学ぶべき子供」は、同時に「学校を出たら、もう子供ではない」という意識をつくり出します。「学校」というシステムをくぐり抜けてこそ大人になれるのです。

「大人」は、さらに若者、働き盛り、高齢者などに分類されます。昔は大人になれば皆同じ「働き手」だったのに、大人そのものも段階的に成長するようになったのです。さらに、似通った年齢であっても、「団塊の世代」「ゆとり世代」という世代に分けられ、年を重ねた人々は特定の年齢で「前期高齢者」「後期高齢者」などに細分化されます。「結婚」も学校の影響を受けます。学校制度のもとでは、学校を卒業すれば、「同じような能力をもっている」と評価されます。職業の自由度は高くなり、進学後に他の地域で働くことが可能となります。働いている場所で恋愛感情が生じれば、結婚相手として見られます。

「個人」という概念も確立していきますから、家同士の結婚が要求されたり、村が婚礼を決めたりすることも減っていきます。その結果、「自由な恋愛」が成立するのです。

ただし、人々は、幼稚園からずっと同年齢で輪切りにされ、同じ趣味、同じ流行などを共有する世界に長く浸らされています。話題や価値観などが合うのはおおむね10年程度、生まれた年代が似通った「世代」でしょう。

「自由な恋愛」では、同じ考え方、同じ趣味、同じ価値観など共通する項目が重要です。結果的に同じ「世代」で結婚することが多くなります。女性のほうが社会性の発達が早く、経済的なリスクの観点から男性が年上、年齢差はほぼ2歳程度に落ち着きます。2015年の統計では、初婚の場合、〔男性の年齢〕―〔女性の年齢〕＝1.7歳です。[⑥]

ヴィゴツキーを中心とした社会・文化・歴史的心理学を研究するバーバラ・ロゴフは、

〈注⑥〉総務省　平成27年人口動態調査「年次別平均婚姻年齢及び夫妻の年齢差」

発達理論によって規定された年齢段階によるデザインが、ほとんどの時間を年齢の近い仲間とだけにかかわって過ごすことを促し、結果的に夫婦関係が変わることを指摘しています。

若者たちは年齢別に編成された学校や余暇活動で互いに接触することが増えたので、夫と妻の年齢差も小さくなりました。このことは、夫婦関係をより仲間関係に近いものにすることにもなりました。[7]

江戸時代、娘を嫁に出すときは自分の家より格の低い家と縁組する傾向がありました。逆に、男性のほうは格上の家と結婚することになるので地位が向上します。歴史学者の高木侃は、夫の家格より高い実家を後ろ盾にした妻は家庭内で夫に対して優位を保っていたと述べています。[8]

時代劇『必殺仕置き人』の主人公・中村主水が家柄のよい妻と姑に嫌味ばかり投げつけられている姿は、案外一般的な姿だったのかもしれません。

また、「貞女二夫にまみえず」という言葉がありますが、この考え方は明治以降に生まれたものです。それまでは、女性が夫を気に入らなければ何度も結婚を繰り返し、年齢が離れたり、女性が年上であることも特別なことではありませんでした。

織田信長の妹「お市の方」の娘「お江の方」は、織田信長の家臣と3度結婚をしましたが、最終的に結婚したのは二代将軍徳川秀忠で、お江の方が6歳年上です。

多くの人々は、自分は自由に恋愛をして結婚したと思っていますが、社会的な概念から自由になっているわけではありません。すなわち、学校がつくられたことによって生まれる概念、価値観、「世代」の形成などによって、人々はほぼ同年齢の人と結婚するようになったのです。

「反抗期」の誕生

学校制度のつくりだしたもう一つの姿は「反抗する子供」です。ロゴフは10代の若者に見られる反抗期や青年期の危機は「社会の生産活動に加わる準備ができているにもかかわらず、そのような活動から切り離されていることによるもの[⑨]」だと指摘しています。

オリンピック選手や囲碁・将棋の世界などをみれば分かるように、11～18歳の子供で

〈注⑦〉バーバラ・ロゴフ著／當眞千賀子訳『文化的営みとしての発達─個人、世代、コミュニティ』新曜社、2006年、163頁

〈注⑧〉高木侃著『三くだり半と縁切寺 江戸の離婚を読みなおす』講談社現代新書、1992年、18～21頁

〈注⑨〉前掲書⑦ 223頁

資料3　農作業の合間の食事―家族の仕事に同行するオランダの子供（年代不明）

バーバラ・ロゴフ著／當眞千賀子訳『文化的営みとしての発達』新曜社、2006年、174頁より引用

あれば、大人顔負けの知性をもち、体力的にも十分なエネルギーがあります。

ロゴフは仕事の合間の昼食の写真（資料3）を紹介しています。そこには、今の区分であれば幼児、児童、青年、壮年など多くの世代が1枚に写っています。学校制度が十分に確立していない時代や地域においては、子供は働き手であり、地域社会において必要とされていました。様々な年齢の人間が同じ仕事の現場に立つことは当たり前のことだったのです。

子供たちは所属する社会で必要性を認められ十分に活躍したことでしょう。不満を口にすることはあっても、反抗することを目的として、親や大人に相対する考えも生まれなかったようです。

私の父は昭和4年（1929年）生まれ

でしたが、「反抗期は？」と聞いたら、「そんなことをする暇はない」という答えが返ってきました。学校から帰れば、家の手伝いが大切な仕事でした。

現在、トップアスリートや棋士などを別とすれば、多くの児童・生徒が社会的に認められることは少ないでしょう。常に「子供」として扱われ、大人を助けることはできません。

現代の子供たちは、「子供」という概念と、「学校」という空間に閉じ込められたままです。あり余る知性や体力が反抗という形で現れるのはある意味、自然な姿ではないでしょうか。

現代においても、反抗期が存在していない地域はあります。それはたいてい学校制度が十分に確立していない国や地方です。同時にそのような場所では、子供と大人が同じ遊びをしていたり、一緒に働いていたりする様子を見ることができます。遊びは単なる余暇ではなく、人が社会的な能力を獲得したり、社会の一員として組織されたり、社会集団を適切に維持したりするための重要な要素になっています。

8、9歳の子供がススで真っ黒になって工場で働き、飲酒や喫煙をしていた時代[⑩]を考

〈注⑩〉前掲書⑦ 20世紀に入ると、8～9歳の「砕炭少年」たちは「午前7時から日没まで、ほこりにまみれて、おろしどいを転がり落ちる石炭からスレートを拾い出す仕事をして、週に1～3ドルの賃金を得ていた…事故が起きる確率は大人の3倍だった」177頁

資料4　子供たちが石炭からスレートを拾い出す仕事をしている様子

バーバラ・ロゴフ著／當眞千賀子訳『文化的営みとしての発達』新曜社、2006年、177頁より引用

えれば、社会的な責任として子供の命を守ることは大切です（資料4）。児童福祉法や学校教育法などで守り、大人と同等に働くことのないようにすることも必要です。

ただ、その一方で「反抗期や青年期は所与のものではない」ことを知っておいて損はありません。**「反抗する子供」は、彼ら自身の資質というよりも、社会的に形成された資質、文化的な現象**なのです。

そうだとすれば、目の前で荒れる子供たちの振る舞いを、少し余裕をもって受け止められるかもしれないということです。私も、このことを中学校の教員だったときに知っていれば、もう少し生徒にやさしくできたのに…などと今さらながらに反省しています。

「困った男子」の登場

人は生物であり、基本的には進化という自然淘汰にさらされています。その過程で自らの遺伝子を子孫に伝え、優位な形質を何万年もかけて培ってきました。優れた形質を保有した者は、多くの子孫を残し、種を繁栄させていきます。進化発達心理学を提唱するビョークランドとペレグリーニは「生物は環境に作用し、環境もまた生物に作用する」[11]と指摘しています。人間も進化と環境との相互行為を繰り返しながら、様々な文化や社会を形成してきたのです。

私たちの現在は、その営みの一瞬です。これまでの長い歴史を通じて育まれた資質や子供の発達のあり方も、その優れた結果の一つなのです。

ところが、わずか150年ほど前に学校という新しい制度がつくり出されます。学校制度は、悠久の時を経て培ってきた人の形質に様々な齟齬を起こします。そこで、ここでは、人の進化と発達を統合的に取り扱う進化発達心理学の視点からみていきましょう。

〈注⑪〉Ｄ・Ｆ・ビョークランド、Ａ・Ｄ・ペレグリーニ著／無藤隆監訳、松井愛奈・松井由佳訳『進化発達心理学　ヒトの本性の起源』新曜社、２００８年、33頁まず、「男子」について取り上げます。

たとえば小学校の男子であれば、朝学校に送り出すだけでお母さんはクタクタです。

「忘れ物、ない？」

「ない！」

「体操着、もった？」

「もった！」

慌ただしく家を出ていった息子、ほっとしたのも束の間、玄関先に目をやると体操着が置いてあります…。

ポケットには、よくゴミが入っていますが、それは宝物です。

知人の息子さんはいつも石をポケットに入れていて、お母さんは洗濯のたびに石を取り出さなければなりませんでした。ある日、並べてみたら一つ一つが鑑賞された上で集められていることが分かりました（**資料5**）。コレクションだったのです。でも、そんなことはお母さんには関係ありません…。

靴からは無限に砂が出てきます。外で取っ組み合いをしたり、走りまわったりしている姿が目に浮かびます。いったいどういう所で遊んでいるやら…不安な気持ちがよぎります。

「じっとしてなさい」は、とてもむずかしいらしく、教室で座っている間も、足はブラ、

資料５　石のコレクション

千葉大学教育学部附属小学校教諭　坂本晶（現・四街道市立和良比小学校教諭）

ブラと動き続けています。珍しく静かなときは、悪さをしているか、病気のときで、元気に遊んでいたかと思うと、いきなり高熱を出して寝込みます（もっと早く言ってよ…）。

今日の出来事を聞いても「忘れた」としか返ってこないので、「この子は覚えることに興味がないのではないか」と心配になります。たまに真剣な顔をして考えているので、ついうれしくなって「何を考えているの？」と聞くと、「ポケモンの必殺技！」という哀しい答えが…。

道に落ちている棒はとりあえず拾います。そして振り回します。無理な高さから飛び降りることも多く、挑戦が大好きです。失敗して膝をすりむいて、泣いても、また繰り返します。「もう！いい加減にしなさい！」と叱ると、「は～い」と返事だけはいいのです（まったく…）。

「懲りる」という言葉は、彼らの辞書には存在していないようです。男子は間違いなく先生や親を困らせる「困ったちゃん」です。しかし、進化という視点からは異なる見方ができます。

ほんの数千年前、男子は狩猟をしていました。取っ組み合いは狩猟で必要な筋力や運動能力の発達に有効です。始終走り回っているので空間感覚が形成されます。狩猟していても山の中で迷うことはありません。

叱っても、叱っても挑戦をやめない精神は、毎回成功するとは限らない狩猟の成功に欠かせません。**「困ったちゃん」の特徴は、狩猟にとってはいずれも有能さの表れ**なのです。

原始人類が生まれたのは約700万年前、30万～20万年前にアフリカに誕生したホモ・サピエンスは、約7万年前から大陸移動をはじめ、地球上に広がりました。狩猟と採集で生活を続けていましたが、約1万年前から農耕をはじめ、同時に土地や水の取り合いで戦争を繰り返し、農具や武器を発達させて、科学や芸術、産業、貿易などを生み出し、現代へとつながります[12]。

現在、西暦がようやく2000年を越えて20年ほど経ちました。科学や芸術などが発生したのはわずか数千年前のことです。日本では、漢字が使用され、国家として成立してから１４００年程度しかたっていません。

人類という長大で進化的な視点から見れば、文明とはわずかな時間のことであり、人としての基本的な形質が変化するにはあまりにも少なすぎる年月です。人の身体的な特徴は10万年前から変わっておらず、脳も体格も３万年前とほとんど同じです。

当時生まれたばかりの男児を現代に送れば、立派な男子になりますが、逆に今の子供をタイムマシンで狩猟時代に送れば、立派な狩人になるというわけです。

有能さは時代や社会、環境との間で決定されます。進化の結果として私たちの心や性質が形成されているとすれば、新しい制度である学校に、男子が順応しにくいのは妥当なことでしょう。

「男子にやさしくしてほしい」と言いたいわけではありません。**「困った男子」はその子の個性というよりも、本来的に男子が保有している有能さの表れであり、それが学校制度との間に起こしているコンフリクトだととらえることができる**のです。

〈注⑫〉農業が文化や社会、環境等を変化させたという指摘は多い。クライブ・ポンティング著／石弘之、京都大学環境史研究会訳『緑の世界史（上・下）』朝日新聞社、１９９４年　スティーブン・ピンカー著／幾島幸子、塩原通緒訳『暴力の人類史（上・下）』青土社、２０１５年　ユヴァル・ノア・ハラリ著／柴田裕之訳『サピエンス全史―文明の構造と人類の幸福（上・下）』河出書房新社、２０１６年

「地図が読めない女性」の理由

「女子」は、男子の「困ったちゃん」性質が当てはまりにくいようです。学校や幼稚園で、座ってお話が聞けて、自分よりも年下の世話をし、分類や整理が得意です。学校や幼稚園が女子に有利にできているとも言えますが、これも進化の過程で身に着けた有能さの表れです。

静的な記憶力が男子よりも長けているのは女性の特徴です。混乱した冷蔵庫を開けて「マヨネーズどこ～?」というのはお父さんですが、お母さんは「いつもと同じとこ!」と明確に答えます[13]。

「整理好きの女性でも、冷蔵庫のなかはごった返している」と切って捨てるのではなく、同じ場所に多くのモノを詰め込むことを要求される冷蔵庫なのに、どこに何があるか分かっているのが女性だとみるべきです。採集や分類などに必須である物の位置の把握や記憶に優れているのが女性なのです。

問題解決の場面では、男子のように「すぐ手を出す」という直接的な行動をとりません。疎外やうわさなど関係的な手法(攻撃)を用います。居住している村における社会集団の秩序という点では有効な戦略です[14]。

女児は男児よりも早く情動をコントロールできる、つまり早く嘘をつくようになるという研究もあります[15]。確かに学校でも「女子の涙に騙されてはいけない」「女子はウソ泣きをする」などと不届きな言説があります。本人は嘘をついているという意識はないと思いますが、身を守ることや、人間関係においては有利な能力です。

私の娘は、幼いころ母親に叱られると、よくパパのところに避難してくる子でした。そして抱っこをすると、母親は決まって「チッ」と舌打ちするのです。私が「幼児にムキになるなんて大人げないよ」と言うと、娘は抱っこされたとたん、母親のほうを向いてニヤッと笑ったのだと言います（なるほど…）。

以前、同僚だった中学校のバレー部顧問が女子生徒は身を守る能力が高いことについて話していました。

「歩けなくなるまでマンツーマンで特訓したときに、男子生徒は友達の肩を借りて、足を引きずりながら帰るんだよ。でも、女子はいくら鍛えても、帰るころには友達と

〈注⑬〉前掲書⑪、185頁
〈注⑭〉前掲書⑪、293頁
〈注⑮〉前掲書⑪、241頁

笑いながら、楽しげに帰るんだよね。おそらく本能的にエネルギーを残しているんだと思う。女子は男子の三倍長く特訓したほうがよいね。[16]

危険を冒すほうが社会的地位の上昇につながる男性よりも、危険を回避するほうが女性の地位の保全には有効です。女性には妊娠や出産などの役割がありますので、全力を尽くす女子では優位に生き残れなかったかもしれません。笑い合って帰っているからといって、全力を出したふりをしているわけではないのです。

「女性は地図が読めない」という言説もあります。

講演会などで参加者に「自分が方向音痴だと思う人」と挙手させると、圧倒的に多くの女性が手を上げます。「幼児のころ、どのように遊んでいたの?」と尋ねると、たいてい「おままごとが好きだった」と答えます。一方、「方向音痴ではない」と答えた女性からは、「男子のように走り回ってた」「近所に野原があって、お兄ちゃんと毎日遊んでいた」などの答えが返ってきます。

空間を把握する能力は本来的に男女差があるようですが、就学前の男女で環境や経験が同じになるようにコントロールしたら、空間的定位課題の成績に男女差が見られなかったという研究もあるようです。[17]おままごとが大好きで走り回らなかったことが方向音痴と関係があるとすれば、それもまた優位さの証明でしょう。

現状では、「学校という場所は女子に有利にできている」と言わざるを得ません。それまで個人用の椅子や机がなかった幼稚園や保育所の空間から、小学校に入学したとたん、前を向く机と椅子に座らされます。何十分も、何時間も座ったままで教科の勉強に取り組みます。

狩猟に長けた男子にはずいぶん不利な条件です。学力世界一で有名なフィンランド教育省の調査官も、フィンランドの教育課題の一つに男子が女子に比べ劣っていることを挙げていました。男子と女子の違いは、世界共通の悩みのようです[18]。

ただし、国際調査（ＴＩＭＳＳ／ＰＩＳＡ）を調べると、男女差は国によってかなり異なっています。また、男女間の学力差は、男子同士の学力差、女子同士の学力差に比べれば大きなものではありません[19]。

また、生物の多様性は種の保存のメカニズムです。多様性が求められる現代では、制

〈注⑯〉延岡市立旭中学校教諭　緒方俊郎（現・西都市立穂北中学校長）
〈注⑰〉前掲書⑪、185、186頁
〈注⑱〉ミッコ・ハルティカイネン調査官はフィンランドの教育の特徴として「学校間の違いは小さいこと」「社会経済効果は中程度」「教師は高い評価を受けていること」などに並んで「女子が男子より優れていること」を挙げていた。平成28～30年度　科学研究費助成事業研究基盤研究（B）「美術館の所蔵作品を活用した探求的な鑑賞教育プログラムの開発」（研究代表者：一條彰子／研究分担者：奥村高明、寺島洋子、東良雅人）における調査研究より。
〈注⑲〉ジョン・ハッティ著／原田信之訳『学習に何が最も効果的か－メタ分析による学習の可視化◆教師編◆』あいり出版、2017年、116、117頁

度的な男女差を解決することが重要です。

私たちは長い年月をかけた進化の結果、今こうして生きています。他の動物に比較してずいぶん未成熟に生まれ、ゆっくり成人することで社会性や道具の使用など多くのことを学びます。時間をかけて脳を十分に成熟させることによって、文化や社会を繁栄させてきました。進化によって形成された資質、所属する社会に有効な能力、自然環境など、様々な資源との相互行為を通して心のあり方を形成してきました。

この論理からすれば、**子供は常にその時期にふさわしい行動や性質を見せている**ととらえることができます。学校教育を考えるうえで、「学校よりも人間のほうが歴史は古い」そんな当たり前のコトを心にとめておくだけでも、これまでとはひと味違う子供のとらえ方ができるような気がします。それは必ずあなたの視界を鮮やかにしてくれるでしょう。

第2章

デザインがつくり出す「学び」の現実

不思議世界を生きる子供たち

私たち大人は「**ピカソ**」「**学力**」を間違えずに読むことができます。そのため、どちらにも同じ漢字の「**力**」という文字を入れていることに気づきません[①]（**資料1**）。「ちから」と「か」を瞬時に見分け、それぞれを正確に読んでいます。カタカナの列、漢字の列、豊富な語彙力、文脈などによって判断しているのです。

資料1　学力とピカソの共通点

ピカソ	学力

子供はそうではありません。**資料1**を見せて「ピカソと学力の共通点は？」と聞くと、大人はしばらく考えますが、子供は「か」と即答します。その理由は、子供の身の回りが、分からないことばかりだからです。分からないから大人には当たり前のことを不思議がり、おもしろがり、見つめ、探索し、自分なりに意味づけながら生きています。

それを示す典型的な写真があります。１９６０年代のライフ誌に掲載されたもので、サンフランシスコ美術館で子供が鑑賞している風景です[②]（**資料2**）。

壁にかけてある絵画と絵画の間にある通気口を一生懸命覗いて

資料2　サンフランシスコ美術館で子供が鑑賞している風景

Photo taken by Herb Slodounik in the San Francisco Museum of Art, a page of Life Magazine / Issue July 26, 1963

います。記事のコメントには「彼らは抽象画は知らないだろうが、自分が好

〈注①〉奥村高明著『子どもの絵の見方　子どもの世界を鑑賞するまなざし』東洋館出版社、2010年、5頁、6頁

〈注②〉アメリカの西海岸ではじめて20世紀の美術作品だけを展示する美術館として1935年に開館した。現在、サンフランシスコ近代美術館（SFMoMA）として国際的に有名である。

きなものは知っている」とあります。

当時は、アメリカの抽象画や現代美術が力をもち、国際的にも美術の中心になってきた時期でした。一方で抽象画に対する戸惑いもあり、たとえば「色や形は鮮やかで形もおもしろいかもしれないが、いったい何なのか分からない」という声があがりました。

現代の日本でも、美術館が抽象画を高額で購入することへの批判をよく聞きます。そのような意見からすれば、「壁にかけてある現代美術よりも通気口の方がおもしろい」という着眼点は優れた皮肉でしょう。

しかし、この写真は、何も特別な光景ではありません。美術館に勤務した経験のある学芸員であれば、当たり前のように目にする日常だからです。

私が見かけた子供は、ずっと座り込んで壁の下のほうを見つめていました。そして、すっと立ち上がって「なんだコンセントか！」と言い放ちました。美術館のコンセントがその子の家とは違った形をしていたため、不思議な形が気になって、何なのかを一生懸命観察し、考えていたのだと思います。

現代の建築で、美術館の壁に大きな通気口がついてることはありませんが、それでも不思議なものがたくさん設置してあります。**子供にとっては、美術作品も、通気口も、コンセントも等しい資源**です。そうした多種多様な資源のなかから自分の見つけた不思議なものに夢中になります。その主体的な姿こそが子供の日常なのです。

大人の場合には広く大きな壁に、もっともらしく吊り下げられたキャンバスこそ見るべきもので、それがおそらく高価なものであることを見る前から知っています。通気口やコンセントが目に入ることはおそらくないでしょう。

美術館の大きく白い壁は、ホワイト・キューブとも呼ばれ、1929年にニューヨーク近代美術館（MoMA）が導入して以来、政治や宗教などから中立性を担保する漂白された空間、美術をつくりだす場所として批判されてきました。しかし、今も変わらず絶対的な空間として君臨しています。

大人はホワイト・キューブに順応し、静粛な雰囲気で規律正しく美術鑑賞を実践しています。抽象的な現代美術であっても、一応それが美術作品であることは認めます。その上で、首をひねりながら「わからない」と言うのです。一方、子供は抽象画や現代美術があふれる館内であっても「わからない」とは言いません。金沢21世紀美術館で子供とミュージアムクルーズをした先生が次のように述べています。

> 大人は作品に対して「わからない」というけれど、子どもは全く言わない。わかる、わからないという基準ではなく、素直でまっさらな気持ちで作品と向かい合っている。③

〈注③〉金沢21世紀美術館「金沢市内小学校4年生全児童招待プログラム　ミュージアム・クルーズ2007年度活動記録集」24頁、2008年サンフランシスコ美術館の写真も同様です。壁にある複数の四角い物体のなかから、この子たちは自分たちが一番おもしろいと思う作品を「鑑賞」しています。それが「キャンバスに描かれた抽象画」ではなく、「たくさんの穴の開いた通気口」だというだけのことです。

子供は日々不思議な物に立ち向かい、常に探索活動をしながら主体的に生きています。そのことを物語るとともに、子供の学びの根本を端的に示している写真だといえるでしょう。

子供たちの名誉を守るとすれば、この子たちは優れておもしろい作品を発見したと言えます。20世紀美術に大きな影響を与えたイタリアの芸術家、ルーチョ・フォンタナは１９４９年にキャンバスを切り裂いた作品を発表します（**資料3**）。作品の前に立つと分かりますが、鑑賞者は切り裂かれて生まれた穴に気持ちや意識が吸い込まれ、平面の向こうを感じざるを得ません。

資料３　空間概念・期待

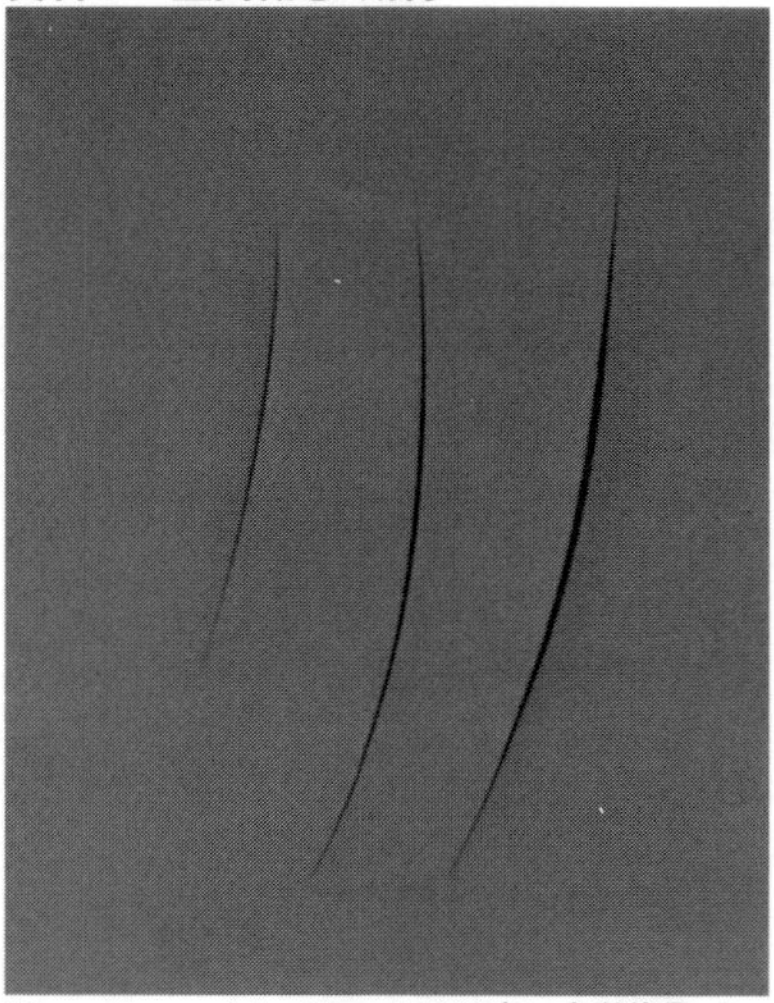

"Concetto spaziale, Attese" 1961 年。水彩絵具、キャンバス、115.7 × 89cm、大原美術館 Ohara Museum of Art, Kurashiki. ルーチョ・フォンタナ：Lucio Fontana（1899 年～ 1968 年）Argentine ／ Italian

普通のキャンバスが、目の前に立ちはだかっているのとは大違いです。**子供たちが楽しんでるのは、こちら側と向こう側をつなぐ穴であり、その感覚において、フォンタナの示す空間概念と共通するの**です。

世界を意味づける子供とのコミュニケーション

私たち大人にとっては、身の回りはおおむね意味が分かっている世界ですが、子供たちにとって世界は不思議なことだらけです。不思議だらけの世界を自分なりに意味づけながら生きています。

子供が生きる世界は、少なくとも大人のような分節化された意味のある世界ではありません。自分で探索し、意味を考え、見つけ、ときに表現します。その**不思議だと思う感覚こそが子供の学びの大きな特徴であり、世界への興味・関心こそが、子供の優れた資質・能力**です。

たとえば、文字と標識は大人にとっては明らかに別ですが、子供にとっては同じです。

私の孫は東京で育っているためか、電車が身近です。常にベビーカーに乗って東京メトロ、ＪＲなどを移動しています。そのため、「ママ」「ジジ」などの言葉が出てしばらくすると、ＪＲのマークに「ジェーアー」「ジェーアー」と言いはじめました。

当初ＪＲのマークに反応しているだけだと思っていたのですが、ある日、机上にあった手紙を指差して「ジェーアー、ジェーアー」と言います。手紙をよくみると、そこに印刷してあったロゴマークにＲの文字がありました。「ジェーアー」は、ＪＲのマークとの一対一ではなく、Ｒがほかにもあれば、孫にとってはそれも「ジェーアー」なのです。

その後、雑誌のなかにある「上野」という文字を見つけると「ウエノー」、「押上」も「上」があるので「ウエノー」、「大宮」を「オーミヤー」、「大崎」も「オーミヤー」、通行止めのバッテンマークを見つけると「ブッブー（ダメの意味）」。グリーン車のマークも「ブッブー」そして「グイーンシャ」（**資料４**）、一つの対象に、二つの意味を見いだしていることが分かります。そうはいっても、孫の名前「ユキオ（仮名）」の「ユ」を指さすと、「ユキオのユー」、「キ」を指さすと、「ユキオのハー」…、どうやら大まかな対応関係のようです。

結局、われわれ大人が、文字と記号を、そして文字を漢字とひらがなに分けているのであって、幼児には関係ないのです。

資料４　「ブッブー」または「グイーンシャ」

子供は言葉や文字、マークなどが溢れている世界のなかから、意味を見つけ、「ジェーアー」として認識し、そのレパートリーを日々増やしているのでしょう。文字というのは、ずっと後に来ることだろうと思います。

大切にしたいのは、孫が文字や記号を認識したときに、必ずこちらの目を見ていることです。そして「ジェーアー、ジェーアー」と何度も繰り返すことです。ジジは、そのたびに「そうだね、JRだねー」とオウム返しをします。

文法が確立していない幼児の重要なコミュニケーション・ツールは「繰り返し」です。自分の「発見」が「ジェーアー、ジェーアー」であり、それを認めることが大人側の大切な仕事だと思います。

ひらがなを読めるようになるのは、数年先でよいわけですから、世界にあふれている記号や文字を認識し、声に出し、それを繰り返しながら世界を意味づけている子供とのコミュニケーションを楽しむことが重要でしょう。

大人は不思議世界を生きる子供のサポーターでありたいものです。

文化とせめぎ合う子供

私たち人間は優れて文化的な生き物です。たとえば、「写真を見る」ことすら文化が

資料5　ニエプス「ル・グラの窓からの眺め」

1826 年か 1827 年ごろにニエプスの住んでいた家の小さな部屋から撮影
View from the Window at Le Gras,Joseph Nicéphore Niépce

なければ成り立たない実践です。「写真が正確で正しい」と思っている方には意外なことかもしれません。「写真がありのままを写す」という考え方は、絵画や写真などが私たちの感覚と同じだととらえる思い込みが前提になっています。

　精神科医で現象学者のヴァン・デン・ベルクは、世界初の写真画像をつくることに成功したニエプスの写真（**資料5**）を奇妙だと指摘します。

　地面に平行のはずの屋根の直線、つまり私たちが水平だと思っている線がすべて「曲がっている」からです。それは「日常生活から一番遠い」とヴァン・デン・ベルクは述べ、**写真は私たちが身体的に感じる世界と**

異なっていると述べます[④]。

確かに、私たちは地面が、道路が、机が平らだと感じています。写真のように斜めや曲線にはとらえていません。写真は立体をむりやり平面に置き換える道具なのです。

たとえば、緑豊かな観光地で撮影した写真を例にしましょう。目の前の山が屏風のように立ちはだかっていたはずなのに、「あれ？　こんなものだったっけ…」と感じたことはないでしょうか。ほかにも、富士山のするどい「高さ」は、写真にはどうにも写ってくれません。

昔の人が「写真や透視図法で描かれた絵を読めなかった」ことを示す記述は複数あります。洋画家・牧野義男が明治45年（1912年）に書いた回想録のなかで、彼の父親が国定教科書に描かれた正確な透視図法による四角い箱の絵（**資料6**）を見て、次のように述べた話を中川作一が紹介しています。

資料6　透視図法によって描かれた四角い箱の絵

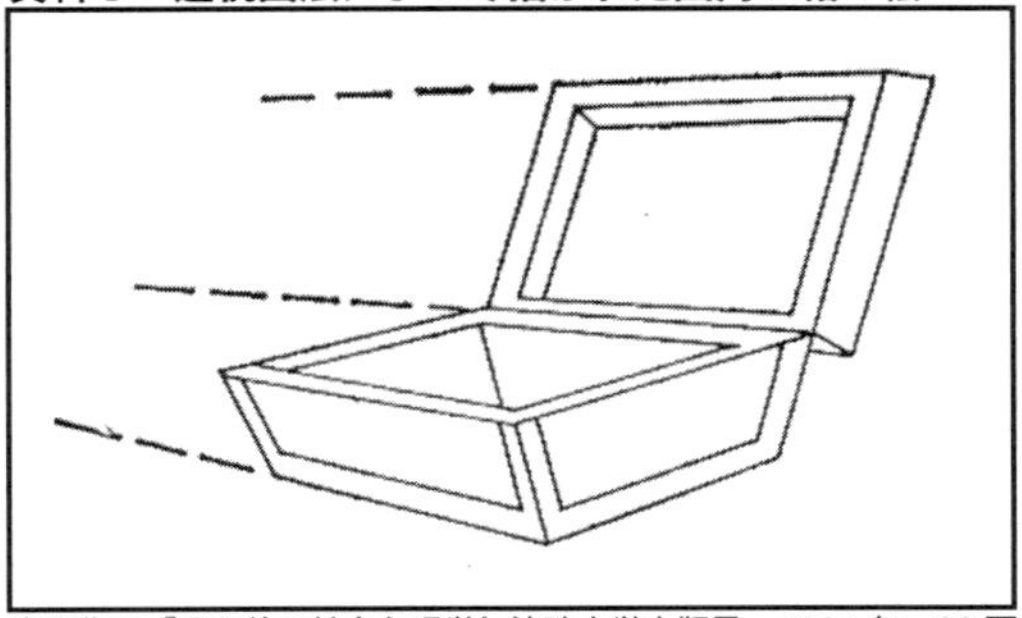

中川作一『目と絵の社会心理学』法政大学出版局、1984年、62頁より転載

〈注④〉ヴァン・デン・ベルク著／立教大学早坂研究室訳『現象学の発見―歴史的現象学からの展望』勁草書房、1988年、6～9頁

何だ？この箱は確かに四角じゃない。わしにはひどくいびつに見えるぞ。[5]

牧野義男は１８７０年生まれですから、おそらく１８８０年前後のことでしょう。江戸生まれの父親は、透視図法で描かれた図を「正しい」絵だと知覚できないのです。

しかし、９年後に彼は真逆のことを言い出します。同じ図画の本を見ながら、息子を呼んでこう言ったのです。「妙なものだ。この四角い箱は、いびつだと思ったものだが、今は真四角に見える」

透視図法は一種の錯覚であり、錯覚の原因には物理的錯視、生理的錯視、知覚的錯視、認知的錯視があります。[6]この場合は父親の知覚が文化的に変化したといえるでしょう。

文化的な知覚については、次のような例もあります。日本人は周囲との関係で長さを目測する傾向がありますが、西洋文化圏の人々は長さそのものをとらえようとします。ところが、西洋文化圏から日本に来た留学生は、日本的な測り方をするようになるようです。[7]

資料７　ミュラー＝リヤーの図

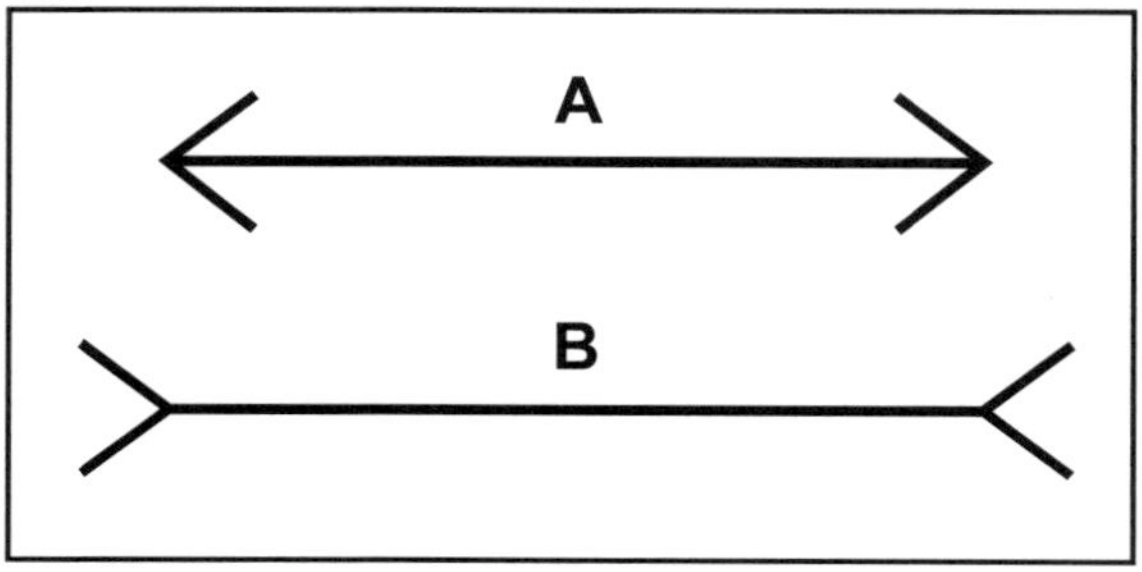

線遠近法との効果で錯視を起こすミュラー＝リヤーの図

（資料7）も、西洋文化が到達していない地域では、それほど錯視を起こさなかったとする報告もあります⑧。

写真家の東松照明が興味深い事例を報告しています。彼は1972年に沖縄の宮古島に移住し、周辺の島々も含め様々な人々の写真を撮影します（資料8）。彼は現像した写真を本人宛に郵送したり、ときには直接本人に持参したりしていました。

東松は、その際に「ときに面食らうこと」があったと述べています。以下の記述は、あるオバアに持参したときの話です。

資料8　「大神島OGAMI」

東松照明著『新編太陽の鉛筆』赤々舎、2015年、108頁より転載。

〈注⑤〉中川作一著『目と絵の社会心理学』法政大学出版局、1984年、62頁

〈注⑥〉北岡明佳「錯視の心理学」「シンポジウムⅡ目と脳」、『神経心理学第29巻第2号』日本神経心理学会、2013年。

〈注⑦〉Kitayama S, Duffy S, Kawamura T, Larsen JT."Perceiving an object and it's content in different cultures:a cultural look at new look."Psychological Science.2003 May; 14(3),2 01-206.

〈注⑧〉広い平原に暮らす環境要因、紙のような平面画像に慣れないためなど様々な理由が指摘されている。　前掲書⑤　70～76頁

礼をいって写真を渡すと、老婆は、生娘のごとくからだをくねらせて恥ずかしがる。老婆は、食い入るようにして写真を眺める。何分も、ずーっと姿勢を崩さずに見つづける。変だな、と思って覗き込むと、老婆は、写真を上下逆にして見ているのだ。信じられない話だが、息子さんに質《ただ》すと、前にも同じようなことがあったという、横の写真を縦にして見ていた、と。[9]

オバアの年齢は書いてありませんが、１８８０年前後の生まれだと思われます。テレビなどが入り込んできたのは70歳を越えたころからでしょう。現代のように幼児期から視覚文化に浸ってきたわけではないので、白黒写真を読むことはむずかしかったようです。

東松は、ＮＨＫの連続ドラマに腹を立てているオジイの例も紹介しています。

人を馬鹿にしとるよ、テレビは。主人公の周太郎は、秋か冬に生まれたばかり、それがもう青年になっている。生まれて３か月、４か月で青年になってたまるか。[10]

映画やテレビの短縮された時間表現が、オジイの感覚と一致しないのです。また、回想場面になると、「バッカヤロー！　話をくっつけて焼き増ししやがって！」と怒り出します。時間が戻るという文化的な表現に馴染まないのです。現実の時間に即して生きてきたであろうオジイからすれば、テレビが都合のいい時間概念を使って自分を「馬鹿にしている」と感じるのは当然のことでしょう。映像や視覚文化が蔓延していない時代の人々から考えれば十分に妥当な感覚です。生まれて数年しかたっていない子供たちも同じです。私たちの文化や見方には染まり切っていません。子供たちは、私たちの文化や見方とせめぎ合っている状態なのです。

モノやコトのデザインから成立する子供と教師

ここまで、子供や学校などが優れて概念的な構築物であることについて、文化や歴史、発達などから検討してきました。最後にモノやコトのデザインという観点から、子供と先生、学校などの関係についてまとめてみましょう。

あえて分かりやすくするために、次頁の**資料9**で表してみます。この図は「子供」がいて、「先生」がいて、それが「学校」で、それを支える「社会」があって、という図ではありません。

〈注⑨〉東松照明著『新編太陽の鉛筆』赤々舎、2015年、50頁
〈注⑩〉前掲書⑨、50頁

資料9　子供と先生、学校、社会との関係

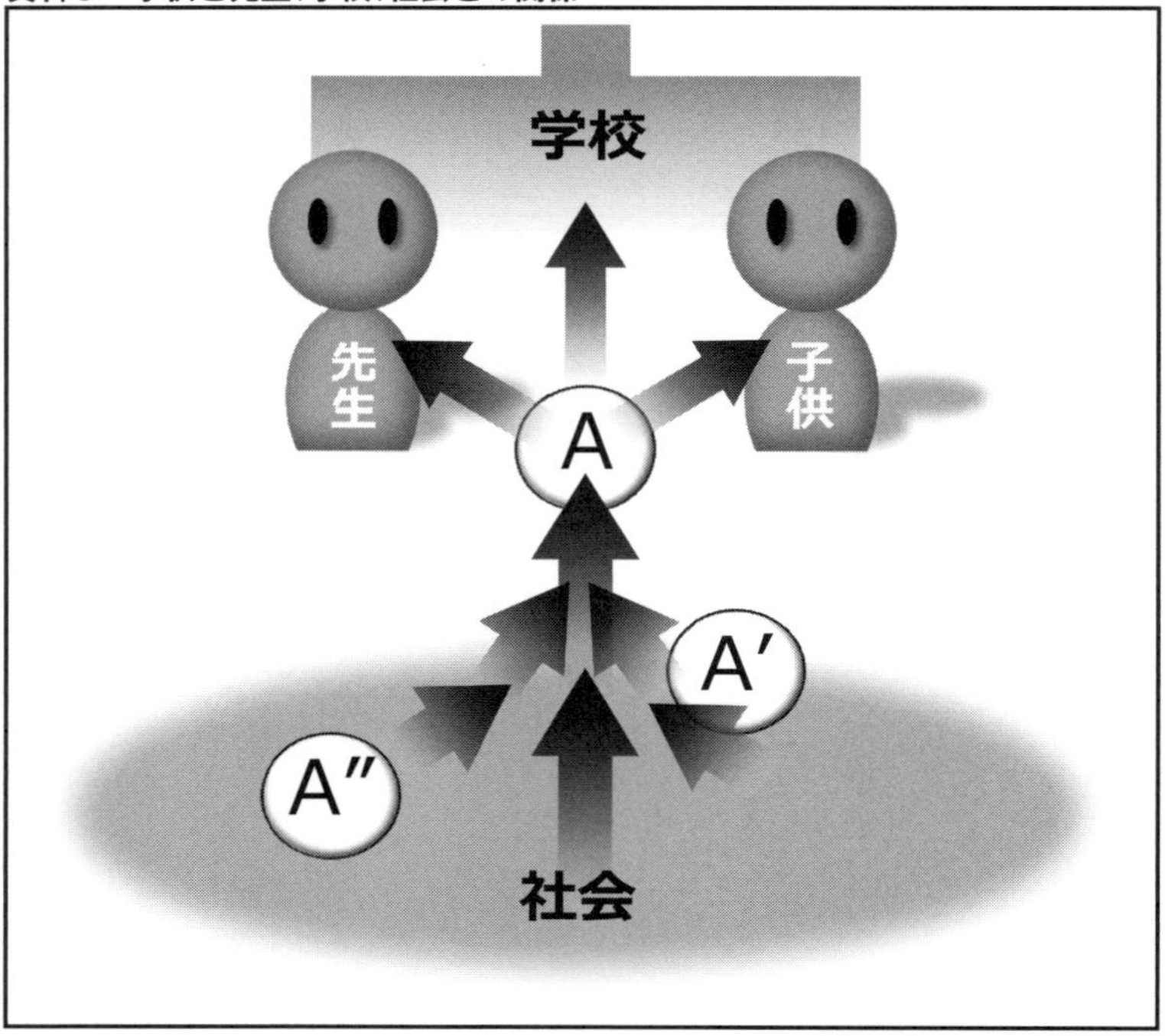

「A」は文化的・社会的につくりだされたモノ、あるいはコトなどの「資源」です。この「資源」から、「子供であること」「先生であること」「学校とは何か」などが成立している図です。

「A」に何かモノを入れてみます。たとえば「黒板」を入れましょう。すると「A」の左側の「先生」は、「黒板の前に立って話す先生」となります。「A」の右側の「子供」は、「先生の話を自分の椅子に座って聞く子供」となります。

黒板によって先生であることがはっきりする、あるいは先生という仕事の権威性が成立しているという言い方もできるでしょう。あるいは、黒板によって、座って話を聞く子供の従順さが要求されているのかもしれません。**先生と子供、その関係は大きな黒板によってつくりだされている**というわけです。

大きな黒板がない状況を考えれば、よりはっきりするでしょう。たとえば、体育などの運動場で授業をするときに、先生は「移動用黒板」を持ち込んだり、あるいは「体育座り」という特定の姿勢を要求したりして、子供たちの座る方向や態度をコントロールします。

状況論を日本に紹介した上野直樹は、「黒板の前に立つということは、かなり特殊な、ある社会的な位置を占めるということである」と述べ、先生と資源の相互関係を指摘します。

たとえば〝先生〟は、ふさわしいタイミングで、ふさわしい位置を占め、ふさわしい道具を用い、ふさわしいことを語り始めるとき〝先生〟と言えるのである。[11]

〈注⑪〉上野直樹著『シリーズ人間の発達9　仕事の中での学習　状況論的アプローチ』東京大学出版会、1999年、80頁先生は、ただそこに立っているだけで、言い換えれば「ありのままで」先生になることはできないのです。

今度は「A′」に教室の「児童用学習机」を入れてみましょう。すると「サイズや形が同じ机の前に座る子供」が成立します。その次に、体が大きいこと、小さいことなどが強調されます。いじめの理由の一つに「みんなと違う」という言い分がありますが、教室の学習机が個の違いをあからさまにしているという考え方もできるのです。

学習机がどちらを向いているかということも重要です。すべて前を向けば、それは「先生」対「子供全員」という学習で、子供は先生の話を聞いたり、先生の指示に応じて発表したりする存在となります。

一方、机を四つ向かい合わせにつなげ、グループとして構成すれば、子供同士の話し合いによって学習が深まることが期待されます。この場合、子供は友達のアイデアを取り入れながら、グループ全員で知恵を出し合って考え合う存在になります。

上野は、以下のように述べています。

椅子や机がどのような道具かということは、どのような場所にどう置かれているかによって示されている。逆に、ある場所に椅子や机を置くということが、その場所がどのようなものかを社会的に表示しているとも言えるだろう。[12]

学習机や黒板などは設置されることで、その場所が学習や講義の場であることを明らかにするとともに、その形や方向などによって、どのような学びが行われるのかを示しています。さらに、その場所で私たちがどのような存在になるのかも示されます。

先生であり、子供であるということは、あらかじめ決まっているというよりも、資源や資源の配置によって成立している側面があるのです。

「A」という資源は、モノだけではありません。「A″」に「部活動」というコトを入れてみましょう。すると、左側の先生は「部活動に燃える先生」へと変化します。同時に、右側の子供は「部活顧問を信頼する生徒」が成り立ちます。

部活動における先生と生徒という構図、濃密な部活動を通した厚い信頼関係などは、ラグビーや剣道などのテレビドラマや映画などによっても強化されているお馴染みの概念です。

「部活顧問をしていない先生」と「サッカー部の生徒」ではどうでしょう。少なくとも部活動的な信頼関係は発生しません。「サッカー部の先生の言うことは聞くのに…」という話は、中学校でよく聞かれる話です。「部活動」は、特定の「生徒」と「先生」、及びその「人間的な関係」をつくり出す装置なのです。

〈注⑫〉前掲書⑪、79頁

（中学校で働けばすぐ分かることですが）本来、教育課程外である「部活動」は、部活動の範囲を超えて、学校全体の運営に関与しています。生徒指導の機能を司り、授業を背後から支えます。生徒同士の人間関係や、中学校生活を続ける意欲としても役立っています。「部活動にがんばる先生」と「そうでない先生」を明らかにして、職員評価の資源として用いられることもあります。「多忙で働き方改革が必要な先生」が「部活動」の賜物であることも間違いのない事実です。

コトによって、人のあり方が左右されることは日常的です。

たとえば「子供がいる一人の男性」は、自宅に居れば「お父さん」ですが、会社に出勤しているときは、緊張する人間関係のなかで、有能な「係長」かもしれません。人のあり方は、その場の状況によって変化する、いわば「…ing」的な、現在進行形の実践なのです。この意味で「本当の自分」を探す「自分探し」は不毛でしょう。

「A」「A′」「A″」…様々な資源の集合体が学校です。学校には教室、黒板、学習机、教材、材料、道具、資料などのモノ。部活動、宿泊研修、合唱コンクール、球技大会、卒業式などのコト。様々な資源が、様々な方法で配置されています。そのなかにあってはじめて、私たちは「子供」となり、「先生」となるのです。

学校という教育の場で、「このような子供だから…」「私は先生だから…」という場所から物事をはじめるのではなく、**私たちの感覚や思考、子供と先生の関係や存在などが、**

そのつどの資源やその配置などから生じていると考えることは重要だと思います。

デザインがつくりだす「現実」

デザインとは、一般的に色や形を美しくする、整えるなどの意味で用いられます。三つの属性「美的感覚」「機能」「コスト」のバランスだという指摘もあります。[13]でも、デザイナーと呼ばれる人々は、案外そのような意味では使っていません。何かを身に着けたり、使用したりする人の行為や心情、あるいはその人の存在、人々の関係、社会などをつくりだすという意味で用いています。

学習環境デザインについて研究している教育心理学者の有元典文は、湯呑茶碗に持ち手をつけるデザイン（資料10）は、持ち方を変えるだけでなく、そこに指をさしこんで

資料10　持ち手をつけたことでのアフォーダンスの変化

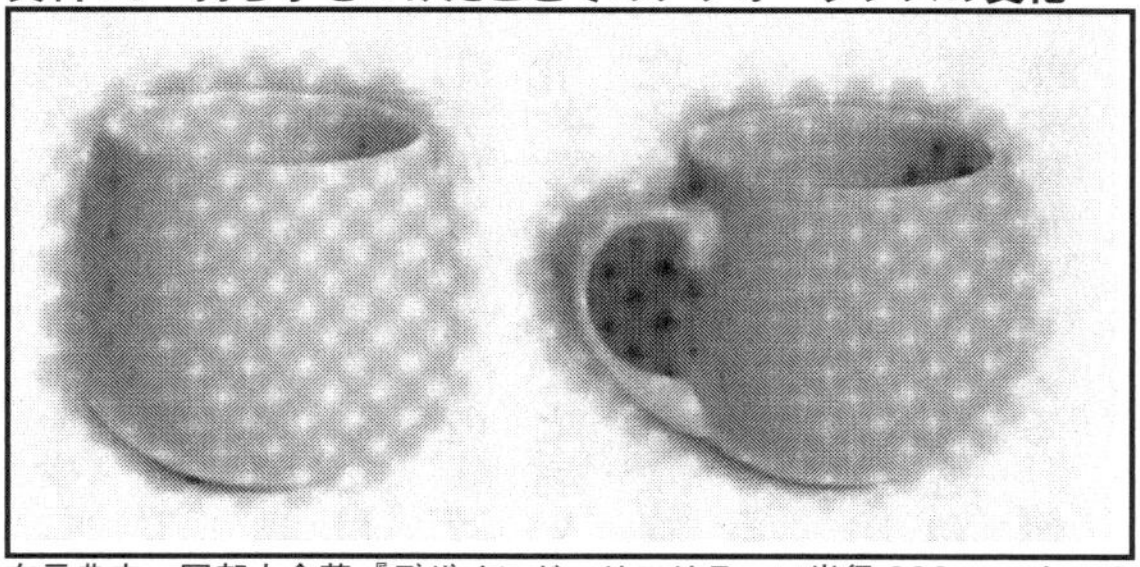

有元典文、岡部大介著『デザインド・リアリティ―半径300メートルの文化心理学』北樹出版、2008年、170頁より転載

〈注⑬〉バーバラ・ブレミンクの指摘、シンシア・スミス編／槌屋詩野監訳、北村陽子訳『世界を変えるデザイン　ものづくりには夢がある』英治出版、2009年、14頁

一度に運ぶという行為を発生させる（**資料11**）と述べ、デザインによる様々な変化を指摘しています。

デザインには、物理的な変化が、アフォーダンスの変化が、ふるまいの変化が、こころの変化が、現実の変化が伴う[14]。

資料11　アフォーダンスの変化による行為の可能性の変化

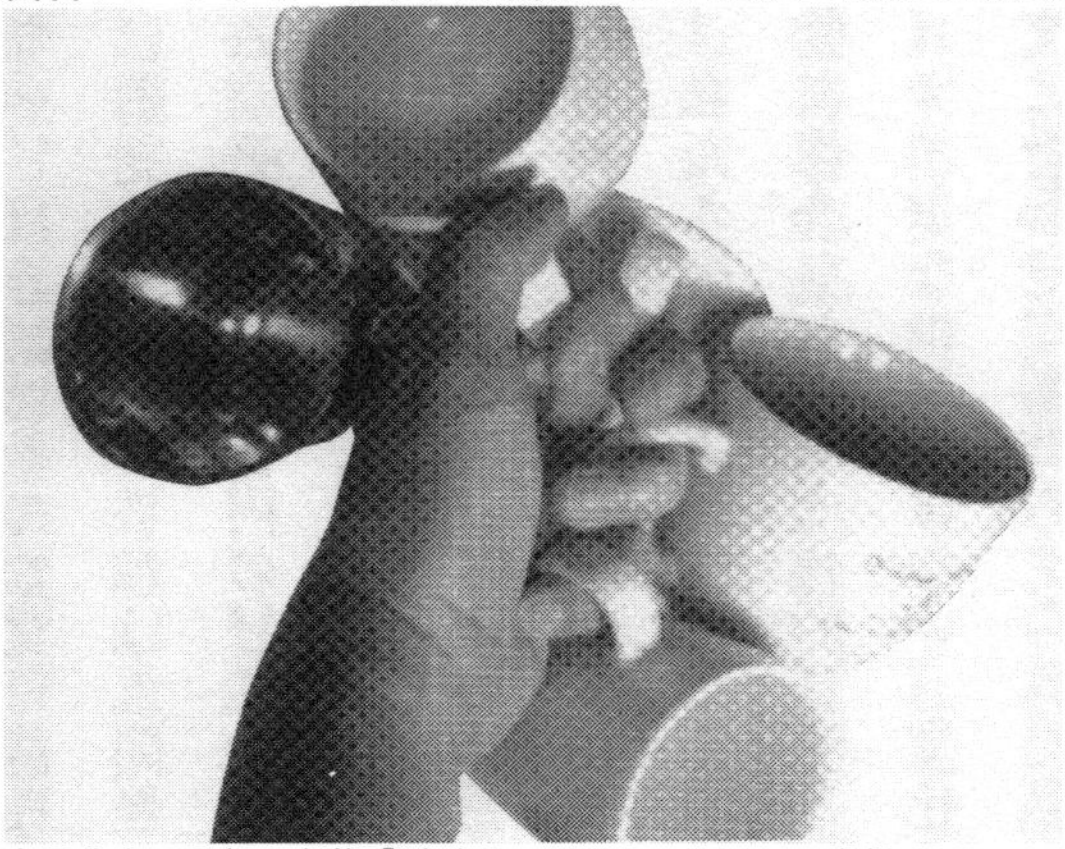

有元典文、岡部大介著『デザインド・リアリティ―半径300メートルの文化心理学』北樹出版、2008年、171頁より転載

私たちは、私たち自身によってつくりかえられた環境のなかを生きています。たとえば、ビーチサンダルが炎天下の浜辺で歩くことを可能にし、自転車が「ちょっとそこまで」の範囲を広げるというわけです。

私たちに身近な自動車は、速く移動できる道具であるというよりも、「遠い場所」や「距離」をつくりだす道具でしょう。

自給自足経済圏のなかで、近い場所に住み、密接な関係を取り合っていた人々は、自動車や舗装道路によって、遠い場所で生活しはじめます。このことは、「近い」しか存在しなかった社会に、「遠い」が「現実」として現れたことを意味します。

「過疎」は自動車がつくりだし、促進する現象です。雪かきによる事故も、自動車社会と道路がつくりだした現象です。雪が1階を覆いつくすまで積もったときに家の2階から出入りするという習慣は駆逐されています。

自動車は、家族関係も変えます。

昭和30年代から40年代にかけて、図画工作に「生活画」というジャンルがありました。働く親や親せきの様子を描く内容です。描かれた場面は、田んぼや畑、近くの商店や工場などでした。

今、国内の児童画展で「生活画」を見ることはほとんどありません。働く人々は、自家用車や電車などで出かけるため、身近な生活として描けないのです。今、そのような絵を見ることができるのは、世界児童画展[15]です。主に東南アジア―インドネシアやマレーシア―などから出品されていますが、それもいつまでのことでしょう。

電話やスマートフォンなども同様な見方ができます。電話は、遠くにいる人と、まる

〈注⑭〉有元典文、岡部大介著『デザインド・リアリティ―半径300メートルの文化心理学』北樹出版、2008年、171頁

〈注⑮〉家の光協会「世界こども図画コンテスト」や美育文化協会「世界児童画展」など

で「目の前にいる」かのように話せる便利な道具だと考える人は多いと思いますが、実は「遠くにいる人」をつくり出し、人と人の間に「距離」を生み出し、人間の関係をもつくり直す道具なのです。

電話では、長電話しても、向こうが嫌がっている表情は現れません。話している相手を、自分にとって物分かりがよい人と設定することができます。都合のいい他者をつくり出すのです[16]。ラインやメールなども同様の機能があります。その食い違いが炎上やコンフリクトを招きます。

スマホは家族関係を変化させました。今、家庭ではリビングで親子が並んで座っていたとしても、共有空間をつくりだしているとはいえなくなりました。家族それぞれがスマホを操作し、個別の空間にいることを成立させています。

一方で、スマホやコンピュータは、完璧に個別化を進める道具かというと、必ずしもそうとはいえない面があります。スマホをのぞき込んで写真を見る人の姿やインスタグラムなどを考えると、新しい共有をつくり出している装置だとも言えるからです。

インターネットは、街を変化させました。かつて郊外型店舗や大型スーパーが中央商店街をシャッター街に変えましたが、彼らは今アマゾンに苦戦しています。アマゾンで買えないお店（たとえば飲食店や美容院など）ばかりが並んでいるのが街になってしまうのかもしれません。

このように、**デザインは、現実を変化させる**のです。

子供とデザイン

「残り90％のためのデザイン」という概念があります。最新の車やファッションといった10％の豊かな消費者に向かうデザインではなく、「問題解決」という本来的な意味に立ち返って、残り90％の人々の生活を変え、命を救おうとするデザインを示す言葉です。「残り90％のためのデザイン展」は、２００７年にクーパー・ヒューイット国立デザイン博物館で開催されました[17]。展示された作品の一つが、次頁のQドラムです**（資料12）**。ドーナツ型をしたポリエチレン容器は、中心部の穴にロープが取り付けられ、ドラムを転がしながら何キロも離れた遠い水源から最大50リットルの水を運ぶことができます**（資料13）**。アフリカの女性や子供の仕事である水汲みという労働のあり方を変えようとする道具です。

〈注⑯〉「メディア自身が（メディアの外部にいる「現実」の他者から独立した）固有の他者となっている」大澤真幸著『電子メディア論－身体のメディア的変容』新曜社、１９９５年、45～52頁

〈注⑰〉発展途上国の様々な課題を解決し、新たな市場や雇用を生んだプロダクト約60点が展示された。前掲書⑬

単に水を運ぶことが楽になるだけでなく、これまでのように頭で運ばなくてもよいので、首や背骨への障害を防ぎます。子供は余剰で生まれた時間を別の仕事や学習などに用いることができるでしょう[18]。

一般的な意味でデザインされた商品から遠い層、基本的な生活が満たされない人々などをユーザーとして考えられた作品です。デザインで人々や社会の力関係、格差、距離などを変化させる試みとして評価できると思います。

資料12　Qドラム

資料13　Qドラムで水を運ぶ様子

一般社団法人コペルニク・ジャパン提供

また、足のない円形のボードも、子供と学習を変える道具です。アクティブ・ラーニングの教材として販売されています[19]。

円形のボー

資料14　お互いの膝に乗せて使用する円形のボード

ドは、**資料14**のようにひざの上にのせて使います。「丸い形なので、皆の顔がよく見える」「どの角度からも書き込みやすい」などがアピールされていますが、使用する限りでは他の効果のほうが大きいようです。

小学生、大学生、現職の教員などを対象として円形のボードを用いている南部は、次のように述べています。

付箋紙や模造紙を使った話し合いや、四つの児童用机を組み合わたテーブル上の話し合いとは全く異なる質が生まれ、話し合いが活性化する。[20]

〈注⑱〉値段や設備の関係で、実際には現地で使われていないという指摘もある。http://yasukawa.hamazo.tv/e4994733.html

〈注⑲〉「えんたくん（段ボール・ＮＥＴ）」（川嶋直、中野民夫著『えんたくん革命 1枚のダンボールがファシリテーションと対話と世界を変える』みくに出版、２０１８年）と、「円たくん（ア・ファクトリー）」（ホワイトボード製）の2種類がある。

〈注⑳〉聖徳大学教職研究科長・教授　南部昌敏

その理由は、自分たちの膝と足でバランスをとる行為にあると考えられます。

人は道具と一体化し、自分の感覚を道具の先まで伸ばすという性質をもっています。
鉛筆の先で感じている机の凸凹を「私が感じている」ととらえます。自動車を運転するときは、大きな車の四隅まで感覚を伸ばします。それは助手席の人間とは明らかに異なる感覚です。

円形のボードを膝の上に乗せると、そこに参加するすべての人々の感覚が共有化されます。

誰かが書き込んでいるときの微妙な揺れは、目の前の相手に伝わります。誰も意見を言わなければ、その微妙な間《ま》が共感されます。ボードを乗せている膝はほんのりと温かく、また膝の位置にボードがくることによって参加する人々の視線は顔を上げた形になります。

脚がないことによって構築される姿勢、視線、温かさ、一体感などが共有されることで、「話し合いが活性化する」のではないでしょうか。

円形のボードがデザインしているのは、単に「丸くてどこからでも書ける」「お互いの顔がよく見える」ということよりも、全員の感覚の一体化や学習者の心情だと思います。

机の配置についてのささやかな例を紹介します。

小学校3年生の図画工作でアイデアを考え、思いついたことをノートに描く時間です。机は全員前を向いています。

私が観察していた子は、最初のうちアイデアをなかなか思いつけないようでした。ところが、あるときにいいアイデアを思いついたらしく、夢中で描きはじめました。その直後、自分の思いついたおもしろいことを友達に伝えたくなったのか、後ろを向いて友達に話しかけました（資料15）。

資料15 「見て、見て、いいこと、考えた！」

全員前を向く形式ですから、授業規律としてはルール違反です。このとき、先生は注意すべきでしょうか？

「後ろを向いておしゃべりする」という行為を、その子の性質だととらえて「前を向きなさい」と叱ることは可能です。しかし、すべて前を向かせている机のデザインのほうが問題かもしれないのです。小学3年生であれば、何かおもしろいアイデアが思いついたら、周りに話したくなるのはとても自然なことだからです。

このように考えれば、「後ろを向くという行為は、全員前を向く机の配置に対する異議申し立てだ」と考えることもできるのです。もしその授業のねらいが「よりよいアイデアの形成」にあるのであれば、その子の行為や性質を問題にするよりも、学習机同士をつけて、自然な話し合いができるようにする（デザインによって、現実のほうを変化させる）ほうがはるかに賢明だといえるでしょう。

ほかにも、教室のデザインが問題を解決した事例があります。

ある学校に勤務していたときのことです。隣のクラスに、乱暴ですぐに友達を叩くような小学2年生が何人もいました。彼らはコミュニケーションが苦手で、言葉より先に手が出るのです。

ある日、担任の先生がその子たちのために冷蔵庫用の大きな段ボールで作った小さな小屋を教室の後ろに設置しました[21]。叱られるたびに、その子たちはそのハウスに籠ることで落ち着きを取り戻します。

そのうち、その段ボール小屋を通して周りの友達とのコミュニケーションが円滑になり、問題行動は減っていきました。**「乱暴で友達を叩く」という問題児は、段ボールハウスを教室の後ろに置くデザインによって違う存在に変化した**のです。

子供の能力は、法令的にはその子の所有物ですが、社会や文化のなかで成立していると考えることもできます。有元・岡部は、人の能力は資源との関係性のなかにあると指摘しています。

人間の能力が個人の皮膚の内側にあるのではなく、自分たちで作り上げてきた社会の制度の中で文化的に成り立つ。[22]

学校教育においても、あらかじめ「子供」がいて、その子のなかに「知識・技能」「思考力・判断力・表現力」があるというよりも、教材や机の配置などのデザインによって「子供」が成立し、「子供の能力」が展開するととらえるほうが、子供の現実に即した教育活動を生み出せると思います。子供の能力を伸ばすには、教室にある様々な資源の関係性やあり方を変更し、現実のほうをつくりかえるという考え方です。

「うちのクラスの子供は、どうも積極的に発表しない」というぼやきは、よく聞かれる話です。でも、それは本当にその子供たちの傾向や特徴なのか。むしろ自分自身の授業や学習環境を再考してみるほうが賢明だと思います。黒板中心の授業ばかりが行われ、子供たちの主体的な学習がデザインされていないことが、子供たちの積極性を奪っているかもしれないからです。

〈注㉑〉1980年代の右立晴利（現・宮崎県串間市立太平小学校校長）の実践
〈注㉒〉前掲書⑭、33頁

今回の学習指導要領改訂の過程では、しきりにアクティブ・ラーニングという言葉が使われました。この言葉が示唆しているのは、講義形式の否定やディスカッションの重視などといった表面的な学習スタイルの変更を求めるものではないでしょう。静的であっても、その子が主体的に活動したり、社会や自己のあり方を深く問うたりすることができれば、それはアクティブだといえるはずです[23]。

アクティブ・ラーニングという言葉の真意は、学習にかかわる資源のデザインによって子供の資質・能力や存在のありようが変わるということだと思います。おそらく言葉の表面的な意味よりも、その言葉によって起こる学習観の転換や学びの構造改革こそが導入のねらいではないでしょうか。

私たちは誰一人として、あらかじめ決められた存在ではありません。そのつどの状況、環境、使用可能な資源などによって変化する可変的な存在です。学びにおいて、子供や先生は、常に新しい自分になることが開かれているのです。

「有能な先生」「有能な子供」「よい授業」「悪い授業」などは、モノやコトなど資源の組み合わせから起きる現象です。一人ひとりが学びの主人公になれるような学習のデザインを目指し、「知識・技能」「思考力・判断力・表現力等」「学びに向かう力・人間性等」などの能力が成立するカリキュラムをマネジメントしたいものです。

〈注㉓〉参加者が真剣に考え、内面的な対話を繰り返すアクティブな講義というものもあるだろう。

第3章

「知識」は変化し、「学力」は進化する

今回の新しい学習指導要領の課題の一つは、教える側の教師（大人）と、今、教室で学んでいる子供との間にある「学力の乖離」です。今の子供と昔の子供では、駆使している学力自体が異なっているのです。そこで、まずは次のようにとらえることがポイントとなります。

「学力観ではなく、学力そのものが変化している」

大人と子供がお互いを理解できなくなっている状態も見え隠れします。私自身も十分に語る自信があるわけではないですが、**「今回の学習指導要領を既存の学力を想定したまま読んではいけない」**ということだけは分かります。このことについて、いくつかの例を挙げながら検討していきましょう。

ネットワーク学力論

私たちは、一人ひとりが「個別」の脳をもっています。脳は直接外界に触れることはなく、そこから神経回路を伸ばし、目や耳、皮膚などの感覚器官、全身の骨や筋肉、他の臓器とのネットワークを通して世界と交渉しています。脳は、目や耳がとらえられるところまで拡張しているわけですから、自分の体のなかだけでなく、本人の知覚できる範囲までが自分の脳だという言い方もできるでしょう。

脳は外部からの刺激で自ら変化する唯一の臓器だといわれています。神経科学研究者の山形は、以下のように述べています。

脊椎動物の脳の特徴は、その機能や神経回路が、遺伝子ですべてが決定されるのではなく、環境との相互作用で大きく変化するという点である（可塑性の問題）。発達、加齢、疾病、傷害などで変化するというのは、他の臓器でも同じであろうが、脳は環境との相互作用、つまり体験を通じての学習や記憶でも変化している。1時間前の脳は、1分前の脳そして現在の脳とは状態が違う。非常にダイナミックなものだ。[①]

数日間、本を読んで知識を得れば、その時点から働きや神経回路が変わるわけです。胃や腸とは確かに違います。

その本は、私たちの文化が生み出した、考えるための「道具」です。読むことを通して知識を得るためだけでなく、必要なときに本棚から取り出して確かめることができます。私の目の前の本棚に並んでいる何百冊もの本は、私にとって考えごとをする際の重要

〈注①〉山形方人のブログ「わがまま科学者」2014年10月5日
http://masahitoyamagata.blog.jp/archives/2014-10.html

な資源で、私の脳と直接つながっています。さらには、本を通してそれらを著した数々の先人と、その先の人々までつながっています。本は脳に接続された外部接続器官、あるいはネットワークの結節点と呼んでよいかもしれません。

人が生きていくためには、本のような道具が欠かせません。ワーチは、認知的な道具と私たちの実践が「不可分」であることを「筆算」によって説明しています。

「343×822を解いてください」といきなり言われても、暗算の達人でない限り無理な話です。しかし、紙と鉛筆を用意して筆算を行えば、あっという間に答えを出せます。これは、「数字を縦に並べるというシステム」「順序立てて計算する方法」「紙」「鉛筆」などが、すべて文化的な「道具」だからです。

問題を解く能力は、正確には「私と私が採用した文化的道具が解決した」というべきだとワーチは述べています。[2] **私たちの実践は様々な「道具」とのネットワークによって成立している**のです。

私たちと不可分に接続されている「道具」自体も、またネットワークによって成立しています。カロンは「目には見えずとも、農夫の傍らにはすき刃を造った鍛冶屋がいる」[3]という諺をもとに、私たちの実践の背後に広がるネットワークを説明しています。

農夫が一人で鋤《すき》を使って畑を耕しているとしましょう。

一人のように見えても、その背後には鋤刃を鋳造した人、鋤を製作した人、鋤を販売した人、流通業者など様々な人がいます。鍬自体の製造にも、鍬を考案した歴史、鍬刃のデザイン、鍬刃と柄のバランスなどが詰まっています。この多層なネットワークが鍬となって、農夫自身の強さと生産性を高めています。

すなわち、**人々はたとえ一人で問題を解決したように自分では思っていても、道具とその背後にいる人々、社会や文化との共同作業で、問題の解決や新たな知識を生み出している**のです。

『小学校学習指導要領解説　図画工作編』（平成29年7月）には以下の記述があります。

> 用具には先人の知恵や人々のつながりなどが含まれている。用具を用いることは人と協働したり、文化の大切さに気付いたりすることになる。用具を使うことで広がる社会との関わりや歴史的な背景などに着目することも大切である。④

〈注②〉James V.Wertsch : Mind as Action,Oxford University Press, Inc, 1998. J・V・ワーチ著／佐藤公治、田島信元、黒須俊夫、石橋由美、上村佳世子訳『行為としての心』北大路書房、２００２年、32頁

〈注③〉Callon, M:The role of hybrid communities and socio-technical arrangements in the participatory design, Journal of the center for information studies.5（武蔵工業大学環境情報学部情報メディアセンタージャーナル第5号）、3～10頁ミッシェル・カロン著／川床靖子訳「参加型デザインにおけるハイブリッドな共同体と社会・技術的アレンジメントの役割」、上野直樹、土橋臣吾編『科学技術実践のフィールドワーク　ハイブリッドのデザイン』せりか書房、２００５年、44頁

〈注④〉文部科学省『小学校学習指導要領解説　図画工作編』日本文教出版、２００８年、17頁、同じく文部科学省『小学校学習指導要領解説　図画工作編』日本文教出版、２０１８年、30頁

作品の製作とは、たとえ一人で作品をつくったように見えても、紙をつくった人、ハサミを考え出した人、ノリ、クレヨンなど多様な道具、その背景に広がる文化や社会、歴史などとの共同作業なのです。ネットワークに接続しているどれか一つの資源が欠けても実践は成り立ちません。

人は、人や道具、環境などが多層に結びつき合ったネットワークのなかで生きています。そのなかで、自分という意識をもって、主体的な相互行為を続けています。その中心が自分の脳でしょう。その脳で個々に発揮されている能力を「学力」と私たちは呼んでいます。

その学力は、常に個人を超えた社会のネットワークにつながっています。単独ではなく、ネットワークに組み込まれてはじめて成り立つ存在です。言い換えれば、本来的には**ネットワークとして成立している学力を、学校制度としては個人の学力だとみなしているということです。**

現代において、ネットワークに接続される道具は、鉛筆やノートから、パソコン、スマホ、さらにＡＩへと進化しています。日々グローバル化や細分化も進行しています。子供たちの学力がネットワークとして成立しているとすれば、すでに以前とは十分に異なる学力になっているといえるのです。

「イイクニ・カマクラ」と「概念的な知識」

学力の一つである知識について、世代による違いを検討してみましょう。

ある企業の研修会講師をしたときの話です。

私は、参加者に対して次のように尋ねてみました。

「鎌倉幕府が成立したのはいつですか？」

これに対して、50代以上の男性社員は、笑顔で答えてくれました。

「イイクニ鎌倉、だから１１９２年」いかにも正解と言わんばかりです。

それに対して、20代前半の女性社員は、答えに詰まります。

「えっと、１１８０年から１１９２年ぐらいの間に…う〜ん、頼朝が鎌倉に武家政権を…」

このような回答の差異は、単に「年代によってそれぞれが教わった内容が違うから」「鎌倉幕府の成立の年号が変わったから」で片付けられる問題ではありません。

男性社員は一対一対応の「事実的な知識」で答え、そのこと自体に満足しています。

これに対して、女性社員は、鎌倉幕府の成立を複数の知識が結びついた「概念」として答えようと試み、うまく答えられずに困っているのです。

鎌倉幕府の成立は、１１８０年に統治機構の侍所が設置され、東国支配権が確立した後、1185年に壇ノ浦の戦いで平氏が滅び、守護・地頭を置くことが認められ、1192年、征夷大将軍に任命されて一応の完了をみます。

源氏による武家政権は、複数の事柄から形成されており、女性社員はこれを把握していたと思われます。鎌倉幕府の成立は一つの年号だけで断定できる性質のものではないので戸惑ったのでしょう。そもそも「幕府」という概念自体が江戸以降のものですから（江戸時代の中期以降、学者の間で使うようになった後世の概念。当時、武家政権は「公儀」と呼称）、問い自体が不適切だったのかもしれません。

そうかといって、男性社員の回答も間違ってはいないのです。征夷大将軍に任命されたのは「イイクニ・カマクラ」です。彼らの世代はその年が鎌倉幕府のはじまりだと教わりました。鎌倉も、室町も、江戸も、全部「幕府」です。その「事実的な知識」の蓄積が、試験や受験などで大勢の他者との競争に勝つために必要でした。

しかし、ここで考えたいことは、律令国家や明治維新など、他の時代における政権の成立を考える際、現代社会においてはどちらの知識が応用可能かという点です。おそらく複数の資源を結びつける「概念的な知識」を活用しようとした女性社員のほうに軍配が上がるでしょう。

ここでは、あえて単純な説明を試みます。

A、B、Cは左から「ニンジン」「大根」「かぶ」です（**資料1**）。一対一の対応です。

資料１

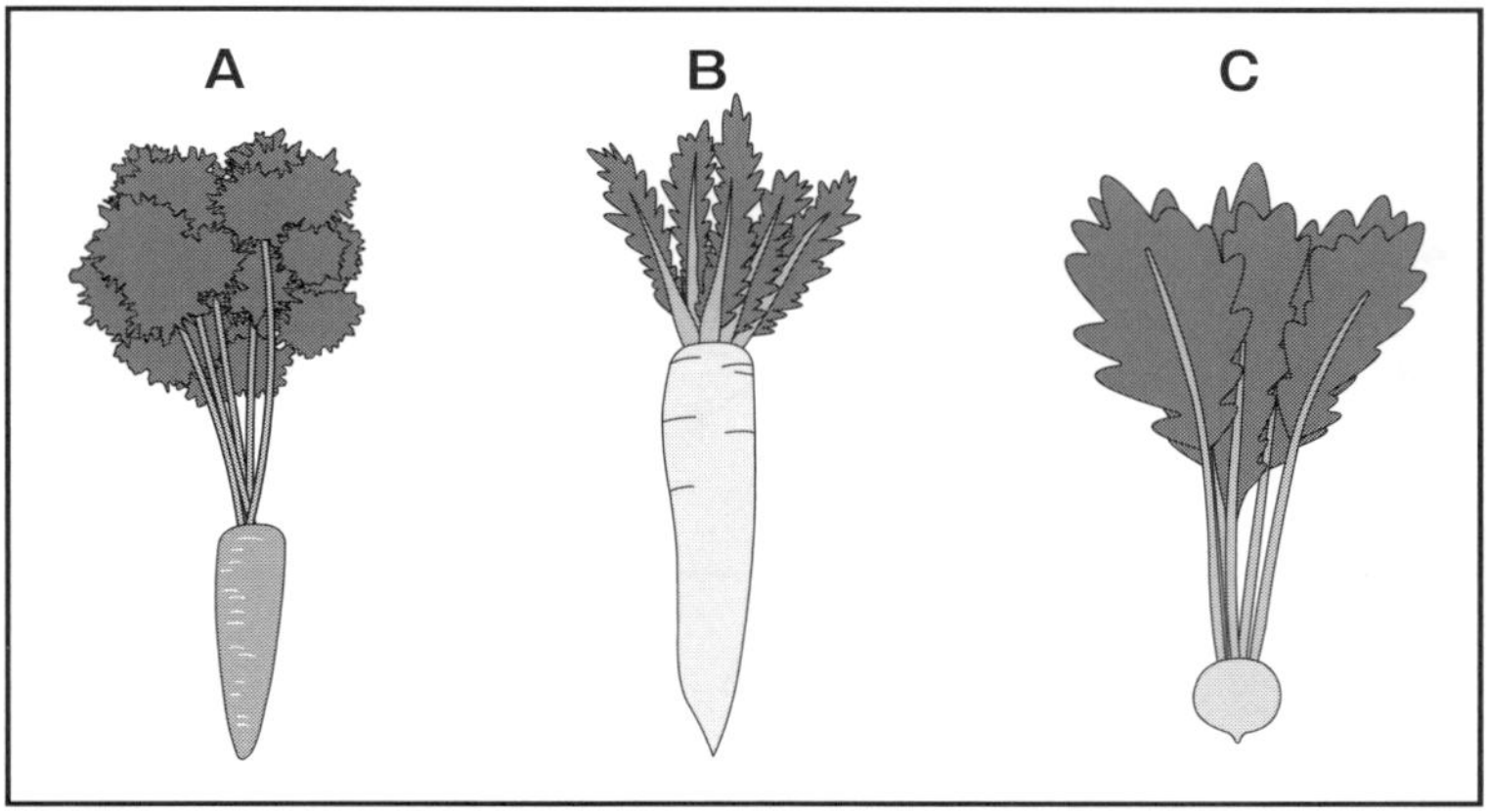

このとき、「すべての共通点は？」と問われれば「根菜」という答えに行き着くでしょう。その答えに辿り着く過程で、野菜、畑、農業、根、地下茎、植物、成長などの複数の知識が働いています。この「根菜」という「概念的な知識」をもっていれば、「葉ゴボウ」という野菜を見たことがなくても、それがどのようなものか、なんとなく想像がつくのではないでしょうか。

ただ、「大根やニンジンは『知識』だけど、根菜は『理解』じゃないの？」と思う人もいるでしょう。国際的な学習到達度調査ＰＩＳＡ[⑤]で知られるＯＥＣＤの知識の定義は、事実や概念、さらには理念や理論まで含んでいます。[⑥]知識のとらえ方自体が幅広くなっているのです。

〈注⑤〉ＯＥＣＤ生徒の学習到達度調査（Programme for International Student Assessment）

〈注⑥〉'Progress report on the Draft OECD EDUCATION2030 Conceptual Framework, Table2, 3, 4

資料2

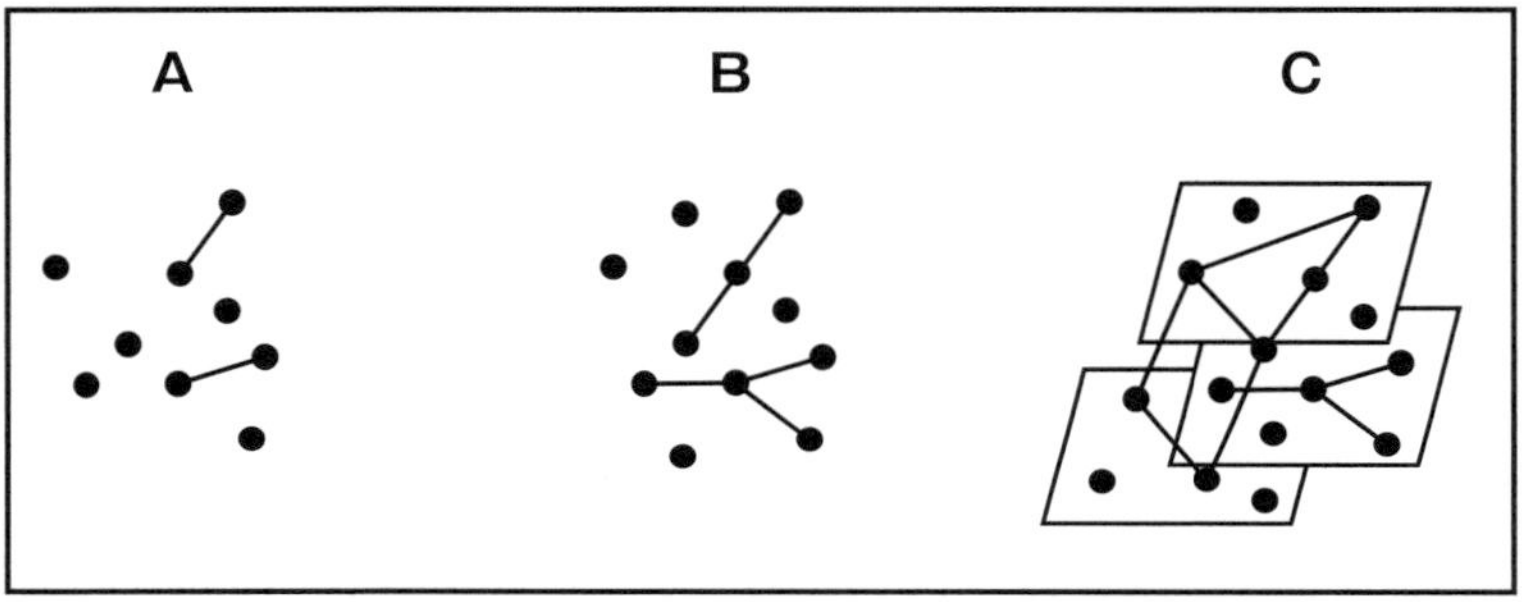

「事実的な知識」や「概念的な知識」を段階的に表せば、**資料2**のように考えることができます[7]。

Aの状態の知識は、「ニンジン」「大根」「かぶ」です。

Bの状態は「根菜」で、比較的単純な概念です。

Cの状態は、さらに産業、流通、貿易、科学などと結びついた、多層で多面的なネットワークが形成されています。

学校教育が目指すのは、子供自身が既有の知識や経験をもとに、知識を構造化し、学習を通して自ら概念を構成する姿、すなわち、A、BをもとにしたCの状態だろうと思います。

学力は時代によって異なります。リテラシーという言葉は、19世紀末には自分の名前をサインするといった能力でした。１９２０年代になると、読んだり、書いたりする能力に変化し、１９７０年代には社会生活を営む意味が加わります。現代ではコンピュータ・リテラシー、メディア・リテラシーのように、情報を活用する能力まで含むようになりました[8]。

見方が変わったのではなく、その時代や社会に応じて人が用いる学力そのものが変化し続けているのです。契約書にサインできるだけでよかったことが、明治時代になって武器の説明書を読んで取り扱えなければならなくなり、高度成長期には競争に勝つ知識を多量に蓄える必要が生まれました。

現代は、一対一対応の「事実的な知識」だけを知識とし、これをどれだけ保有したかが勝負になる時代ではありません。「事実的な知識」は、日々更新され、子供のころに習った科学や歴史の知識や理論などは否定されたり、180度転換したりしています。

10年前には目新しかったSuicaやスマートフォンも、いまではすっかり定着し、真新しいものではなくなりました。電車の移動で必要な知識は「時刻表を見て切符を買うこと」から、「スマートフォンで経路や時間を計算し、Suicaでタッチすること」に転換しています。

大人はその変化を体験していますが、小学生は生まれたときからすでにSuicaとスマートフォンを利用する生活圏で生きています。「**異なる世代に生きていれば、異なる学力が必要である**」ことの自明さを物語っているといえるでしょう。

〈注⑦〉資料2のように知識や学力をリゾームやネットワークのように、多層的・構造的に考えようとする指摘は多い。たとえば、國學院大学人間開発学部教授の田村学は知識のつながりを複数のタイプに分類して説明している。田村学著『深い学び』東洋館出版社、2018年、44～61頁

〈注⑧〉角知行著『識字神話をよみとく「識字率99%」の国・日本というイデオロギー』明石書店、2012年、9頁

「知識基盤社会」と「生きて働く知識」

知識という言葉自体が示す意味そのものが変化している時代に、以前のような静的で固定的な知識観をもっているとしたら、新学習指導要領の理解や、カリキュラム・マネジメントの実施、「主体的・対話的で深い学び」の実現などにつまずく怖れがあります。

平成17年の中央教育審議会答申（「我が国の高等教育の将来像」）では、21世紀は、新しい知識・情報・技術が政治・経済・文化をはじめ、社会のあらゆる領域での活動の基盤として飛躍的に重要性を増す「知識基盤社会」（knowledge-based society）の時代がやってきたと宣言されています[9]。21世紀になってすでに20年近く経過し、「知識基盤社会」という言葉もすでに定着していますが、「知識」をどうとらえるか、そのいかんで齟齬が生じているようにも思われます。

「知識基盤社会」の「知識」は、単なる「事実的な知識」ではありません。

グローバル化がいっそう進む時代において知識は日進月歩です。競争と技術革新が絶え間なく生まれるため、知識の進展は旧来の認識や考え方、価値観などが根本的に変化するパラダイム転換を伴います。「事実的な知識」自体を更新するだけでは追いつきません。複数の知識をつなぎ合わせながら、概念として活用できることが求められる時代なのです。

中央教育審議会初等中等教育分科会の教育課程部会の審議でも、知識については再三議論されてきました。たとえば、平成27年の教育課程企画特別部会「論点整理のイメージ（たたき台）（案）」の記述をみてみましょう。

> 身に付けるべき知識に関しても、個別の事実的な知識と、社会の中で汎用的に使うことのできる概念的な知識等とに構造化されるという視点が重要である。個々の**事実的な知識**を網羅することが学習の最終的な目的ではなく、様々な場面で活用される**概念的な知識**を身に付けていく過程の中で、事実的な知識を獲得していくことが必要であるという点を明確にする必要がある。[10]

知識には、「事実的な知識」と「概念的な知識」があり、それは対立するものではなく、お互いが、お互いに影響し合う関係だと述べています。

中央教育審議会の最終的な答申では、「事実的な知識」と「概念的な知識」は「生き

〈注⑨〉中央教育審議会「我が国の高等教育の将来像（答申）」平成17年1月28日、「第1章　新時代の高等教育と社会」

〈注⑩〉教育課程企画特別部会「論点整理のイメージ（たたき台）（案）」平成27年7月22日、「2．新しい学習指導要領等が目指す姿、(1)新しい学習指導要領等の在り方について」

て働く知識」としてまとめられています。

　各教科等において習得する知識や技能であるが、個別の**事実的な知識**のみを指すものではなく、それらが相互に関連付けられ、さらに社会の中で**生きて働く知識**となるものを含むものである。

　例えば、**〝何年にこうした出来事が起きた〟という歴史上の事実的な知識**は、〝その出来事はなぜ起こったのか〟や〝その出来事がどのような影響を及ぼしたのか〟を追究する学習の過程を通じて、当時の社会や現代に持つ意味などを含め、**知識相互がつながり関連付けられながら習得されていく。**それは、各教科等の本質を深く理解するために不可欠となる**主要な概念の習得**につながるものである。そして、そうした概念が、現代の社会生活にどう関わってくるかを考えていけるようにするための指導も重要である。基礎的・基本的な知識を着実に習得しながら、既存の知識と関連付けたり組み合わせたりしていくことにより、学習内容（特に主要な概念に関するもの）の深い理解と、**個別の知識の定着を図るとともに、社会における様々な場面で活用できる概念としていくこと**が重要となる。[11]

「何年にこうした出来事が起きた」という例示は、「イイクニ・カマクラ」と同じです。「知識相互がつながり関連付け」られた「主要な概念」が習得された状態は、女性社員の当惑（考えながら答えを探す姿）と考えることができます。中央教育審議会が提起した「生きて働く知識」は、「事実的な知識」と「概念的な知識」の両方を身につけ、学習者自らが新しい知識や概念を構成し、社会的な現実に立ち向かっていくことだと思われます。

これから求められる学習とは、子供たち自身が、自分のもっている知識や経験をネットワークのようにつなぎ合わせ、それによって本質的な概念を生み出し、その概念をさらに社会生活において活用することです。

それは、自分の知覚が届くところまで神経を伸ばし、そこにある道具や人などの資源を外部接続機器として自らの神経回路につなぎ合わせ、ネットワークの全体を十全に駆使しながら、試行錯誤や問題解決を繰り返す姿だと言えるのです。

美術検定から見る知識の構造

ここでは、私が監修する美術検定の問題の分析を通して、「事実的な知識」と「概念的な知識」の関係について考えてみましょう。

〈注⑪〉中央教育審議会「幼稚園、小学校、中学校、高等学校及び特別支援学校の学習指導要領等の改善及び必要な方策等について（答申）」平成28年12月21日、18頁

資料3　美術検定問題①

Q49　右の「見返り美人図」を描いた浮世絵の元祖といわれる画家はだれですか。

①鳥居清長

②喜多川歌麿

③鈴木春信

④菱川師宣

2011年美術検定4級マークシート問題（美術検定実行委員会・編）より。
「見返り美人図」東京国立博物館

美術検定[12]は、江戸文化歴史検定、世界遺産検定、TOEICなどの語学、教養、金融など様々な資格試験の一種で、いわゆる「検定物」です。4級から1級までで構成され、4級から2級の問題のほとんどは「事実的な知識」を問う内容です。

美術検定ではこれを「知識問題」と呼んでいます。たとえば、**資料3**のように作品を提示して「画家は誰ですか?」「作品名は何ですか?」などと問います。

作品名「見返り美人図」の作家は「菱川師宣」です。作品と作家名が単純につながれば解答できる典型的な一対一対応の知識です。

「美術検定」では、このような知識をある程度正確に「たくさん」保有していることを求めています。それが美術鑑賞の教養として必要だと考えているからです。参考書や練習問題を用いて、このような知識をたくさん覚える学習をしておけば、おおむね合格できます。

ただ問題のなかには、複数の知識が結びついて概念

資料4　美術検定問題②

Q19　右図に示された建築物の様式はどれですか。

①アール・デコ

②国際様式

③デ・ステイル

④アール・ヌーヴォー

2016年美術検定２級マークシート問題（美術検定実行委員会・編）より。
クライスラービル（1930）ウィリアム・ヴァン・アレン

化していないと解けない「知識問題」も出題しています。たとえば**資料4**のような問題です。

この問題では、「ビルの名前」や「作者（設計者）」を覚えていても答えることはできません。求められることは、アール・ヌーヴォーやアール・デコなどの様式について理解していること、さらに写真から幾何学的な形、すっきりした構成など複数の特徴を取り出し、4つの様式と照らし合わせることです。それができれば、①を選ぶことができます。この問題は、複数の知識がつながり合った「概念的な知識」を要求している

〈注⑫〉美術検定　２０１６年出題形式・出題範囲　設問数
１級　論述式問題（全範囲）　２問
２級　マーク式問題（西洋美術史、日本美術史、現代美術、その他のジャンル、知識・情報の活用問題）／穴埋め問題（美術館、文化行政）　マーク94問／穴埋め30問
３級　マーク式問題（西洋美術史、日本美術史、知識・情報の活用問題）　94問
４級　マーク式問題（西洋美術史、日本美術史、知識・情報の活用問題）　47問

資料5

思考・判断に動員される知識レベルのイメージ	2級	3級	4級
概念について文章で理解する	*		
2～3の概念をマッピングする	*	*	*
概念同士の対応関係を理解する			*

平野智紀、奥村高明「美術鑑賞における知識の役割～美術検定データの定量的分析に基づく考察」『美術教育学 No.39』美術科教育学会、2018年、284頁

のです。

統計的な分析を行った結果、この問題ができている人は、ほかの「知識問題」もよく解けている傾向があることが分かりました。[13] 受検者は、単に一対一対応の知識だけで問題と闘っているわけではなさそうです。

さらに、受検者を級別に分析すると、4級受検者は「概念同士の対応関係を理解していること」、3級受検者は「2～3の概念をマッピングしていること」、2級受検者は「概念について文章で理解していること」が分かってきました（**資料5**[14]）。

受検者は「美術検定」に合格するために、参考書を読み、繰り返し練習しながら、「事実的な知識」をできるだけたくさん蓄積するよう努力しています。ところが、実際に獲得しているのは「概念的な知識」であり、上級者はそれがより複雑で構造的になっているようです。

そもそも受検者は美術に興味があり、美術的なニュースや展覧会などに対する情報に敏感な人たちです。

一般的に美術館に行く回数は、「ほとんど行かない」が54・1％、「2、3年に1回程度」が14・2％で、7割程度がめったに足を運びません。「1年に1回程度」であっても12・5％、「半年に1回」ですら11・2％、「2～3か月に1回程度」は6・3％、「月に1回以上」が1・8％です。[15]

一方、美術検定受検者は「半年に1回以下」が11・5％、「2～3か月に1回程度」が31・9％、「月に1回程度」が33・6％、「月に2回以上」が23・0％です。全体の9割近くが年に何回も通っています。[16]

級の上昇に伴って美術館に足を運ぶ割合も上がる傾向があります。「美術検定」を受検する過程で美術展に行く回数が増えたり、関連書籍やテレビなどから情報を得たりする機会が増えているのです。

ということは、「美術検定」の受検を通して、鑑賞体験が充実し、受検勉強と相互作用を起こした結果、受検者の「事実的な知識」が「概念的な知識」に変化し、より高次な概念の獲得に向かっているのではないでしょうか。

〈注⑬〉平野智紀、奥村高明「美術鑑賞における知識の役割～美術検定データの定量的分析に基づく考察～」『美術教育学No.39』美術科教育学会、2018年、275～287頁、2級から4級のマークシート問題全問の点双列相関係数を検討。
〈注⑭〉前掲書⑬ 284頁
〈注⑮〉リサーチバンク調査「美術館・美術展に関する調査」(http://research.lifemedia.jp/2013/11/131113_art.html)
〈注⑯〉美術検定2017、アンケート調査より。美術検定実行委員会同時に、「事実的な知識」と「概念的な知識」は、二項対立的な関係ではなく、本来的に不可分であり、学習を通して学習者自身が知識を構造化する側面や、プロセスとしてとらえられると思います。

また、「美術検定」では、資料の中から必要な情報や知識を取り出し、それを論理的に組み合わせることで正答を導き出す問題も出題しています。「知識・情報の活用問題」と呼んでいます。

国立教育政策研究所の「特定の課題に関する調査」の中学校美術科の問題[17]や全国学力・学習状況調査のB問題などを参考に、美術鑑賞や授業場面など仮想の状況を設定し、作品

美術検定にチャレンジ 練習問題

Question 9

Q8の図をみてください。Aさんは共通点（イ）を「ルネサンス期の作品」と考えました。では、カード（X）にあてはまる作品はどれでしょう。

1

2

3

Question 10

Q8の図をみて、Bさんが４枚目のカード（④）を選んだ共通点（ウ）として、最も適切と考えられるものはどれですか。

1 **宗教上の人物画。**
2 **背景が無地に近い。**
3 **男性が描かれている。**
4 **人物の上半身を描いている。**

美術検定実行委員会編『はじめて学ぶ美術の歴史　一問一答　美術検定４級練習問題』美術出版社、2016年、116〜118頁
フェルメール『赤い帽子の女』ワシントン、ナショナル・ギャラリー／レオナルド・ダ・ヴィンチ『モナ・リザ』ルーヴル美術館／ルノワール『陽光の中の裸婦』オルセー美術館

の特徴や歴史的な文脈などを問うています（資料6）[⑱]。

たとえば問8は、表現形態を取り出して正解は4、問9は時代や地域が共通するので正解は2、問10は表現上の特徴をとらえて正解は4となります。

興味深いのは、この**「知識・情報の活用問題」と、前述の「知識問題」には、ほとんど相関が見られないこと**です。「『知識問題』ができる人は『知識・情報の活用問題』もできる」とは言えず、逆に「『知識・情報の活用問

資料6

美術検定にチャレンジ 練習問題

Question 8

AさんとBさんが美術作品のカードを交互に出し合い、共通点探しゲームをしています。ルールは下図のように、作品と作品の共通点（ア）～（ウ）を探していくものです。（ア）にあてはまる共通点として、最も妥当なものはどれでしょう。

Q8・9・10共通資料

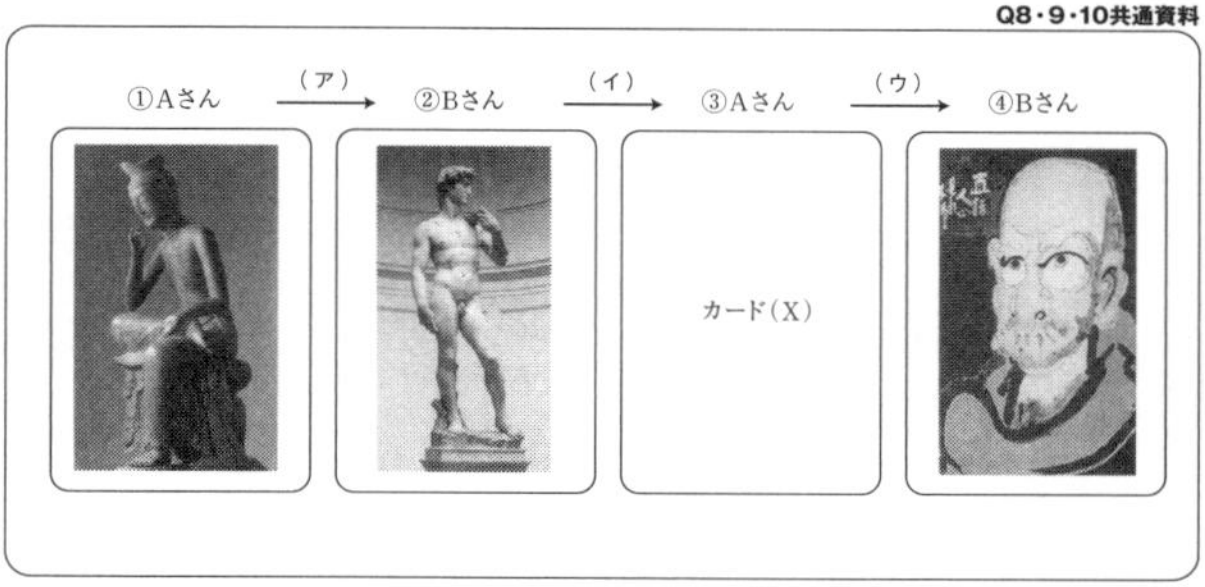

1 素材が同じである。
2 同時代の作品である。
3 同じ国の作家が作った。
4 彫刻である。

左上から「木造弥勒菩薩半跏像」広隆寺霊宝殿／ミケランジェロ・ブオナテーロ「ダヴィデ」アカデミア美術館／白隠慧鶴『半身達磨』萬壽寺

〈注⑰〉 国立教育政策研究所「特定の課題に関する調査（図画工作・美術）」平成21年11月～平成22年2月に実施。発表は23年3月
〈注⑱〉 美術検定実行委員会編『美術検定4級速習ブック&練習問題 2013』美術出版社、2013年、114～117頁

題』ができるからといって『知識問題』ができる」とは限らないのです。ということは「知識・情報の活用問題」が測っている学力と、「知識問題」が測っている学力は、どうやら違うらしいのです[19]。

「美術検定」の分析からは、次の点などが浮かんできました。

- 「事実的な知識」と「概念的な知識」に相関があること。
- 級によって動員される「概念」に質の違いがあること。
- 「知識の保持」と「知識や情報の活用」は、かなり性質が違うこと。

私たちはひとくくりに「知識」と言いますが、「知識」だけ取り出して考えても、その中身はけっこう複雑で構造的です。その活用、思考・判断などの関係なども含めると、複数の側面や性質が含まれています[20]。「知識」や「学力」をどのようにとらえ学習に臨むかは、教師としての課題の一つでしょう。

知識が変化した２００７年

知識の質が変化したと私が感じたのは、２００７年第1回の全国学力・学習状況調査

資料7

問：次の＿＿＿部には、二つの内容がふくまれています。「ごん」を主語にして、二つの文に分けて書きましょう。

ごんは、ひとりぼっちの小ぎつねで、しだのいっぱいしげった森の中に、あなをほって住んでいました。そして、夜でも昼でも、辺りの村へ出てきて、いたずらばかりしました。

でした。そして、その変化が確実に子供たちに浸透していると確信したのは２０１７年のセンター試験です。

２００７年第１回の全国学力・学習状況調査では、知識を問う国語Ａの問題で**資料7**の問題が出されています。

この問題は、一見単純なようですが、「ひとりぼっちの小ぎつねでした」という家族関係と、「しだのいっぱいしげった森の中に、あなをほって住んでいました」という生活環境の二つの内容を文章から理解しなくては正しい答えが導き出せません。

正答率は、57・９％で決して高くはなく、「人物像を把握するために叙述内容を分析的に読み、一文を二文の構成

〈注⑲〉前掲書⑬　２８３頁

〈注⑳〉評価やカリキュラムを研究する石井英真は、教科等の学習では、知識には個別的なスキルとしての「事実的知識」と、意味理解を伴う「概念的知識」と、創造的に活用できる「見方・考え方（原理、方法論）」という階層があると指摘している。

石井英真著『今求められる学力と学びとは―コンピテンシー・ベースのカリキュラムの光と影』日本標準、２０１５年、21～25頁

にして書き換えることに課題がある」とされました[21]。

「ゴンの気持ちは？」

「さみしかったと思います」

「そうだね」

このように、子供の答えが先生の想定した答えに合致していれば先に進むという、先生基準の授業を進めていた先生は戸惑ったと思います。

この問題が解けるようになるためには、子供自身の根拠を問い返す次のようなやりとりが授業で必要になります。

「ゴンの気持ちは？」

「さみしかったと思います」

「どこ（言葉や叙述等）からそう思った？」

子供自身が何を感じ考えているかをとらえ、それを可視化しながら授業を進めることが求められるのです。

この問題などに代表される全国学力・学習状況調査のA問題は、単純な知識だけでなく、理解をも含む知識こそが重要であることを示しました。「漢字の読み書きやその量だけを知識と考えてはいけない」というメッセージは、全国の学校現場に伝わったと思います。

その後、２０１０年の学習指導要領改訂を経て、各学校では、言語活動の充実を目指した授業改善が図られることになります。全国学力・学習状況調査は、知識観を転換する資源となったのです。

この全国学力・学習状況調査を受けた小学生は、２０１８年現在、大学を卒業したばかりの新入社員です。彼らが受験したセンター試験の問題も大きく変化しています。センター試験や以前の共通一次と言えば、知識の量で勝負する代表格のように言われていました。ひたすら詰込み型の勉強をした記憶のある人もいるでしょう。しかし、今では問題そのものが変化し、単純な知識だけでは解けなくなっています。

そこで、まず２０１７年に出題された日本史Aを取り上げてみましょう（資料8）。

問題文は、神頼みをしようとする受験生「幽太」と、しっかりものの姉さん「理子」の会話をもとに設問が続く構成になっています。そして井上円了が「妖怪学講義」という本を出したとか、岸信介が「昭和の妖怪」と呼ばれたなど、妖怪に絡んだ問題が続きます。

そこに、突然、ゲゲゲの鬼太郎の作者である水木しげるの「新ぬりかべ」「新ぬらりひょ

〈注㉑〉 国立教育政策研究所教育課程研究センター「全国学力・学習状況調査」http://www.nier.go.jp/kaihatsu/zenkokugakuryoku.html

ん[22]」、妖怪ウォッチから「ロボニャン」「ムダヅカイ[23]」がイラストつきで登場します。
日本が高度成長期のころ、私は小学生でした。
洗濯板が洗濯機に変わり、冷蔵庫、カラーテレビなどが次々と家庭に入ってきました。
ドアが一つの冷蔵庫には、スーパーマーケットで安く買った野菜が押し込まれ、買い替

資料8　独立行政法人大学入試センター平成29年度本試験日本史A

問４　下線部©に関連して、次の漫画・アニメの画像Ⅰ～Ⅳに描かれた妖怪が登場する背景とされているそれぞれの事象に関して述べた次ページの文a～dについて、正しいものの組合せを、その下の①～④のうちから一つ選べ。 4

Ⅰ　新ぬりかべ
「冷蔵庫が妖怪化。食品をどんどん詰め込み、手荒く扱うものだから、器物の霊の怒りが爆発」
（水木しげる『図説日本妖怪大鑑』）

Ⅱ　新ぬらりひょん
「冷房のスイッチを入れると現れ、電気を吸い取ってしまう。部屋はいつまでたっても涼しくならない」
（水木しげる『図説日本妖怪大鑑』）

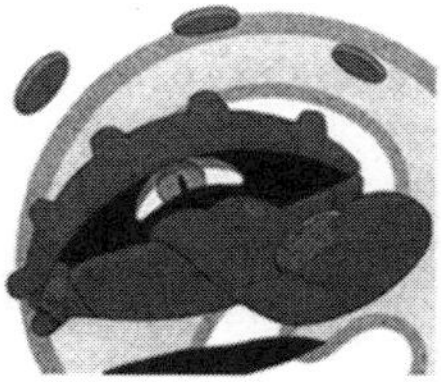

Ⅲ　ムダヅカイ
「バブル時代に無駄遣いしまくった人々の欲望が妖怪に」
（『妖怪ウォッチ全妖怪大百科』）

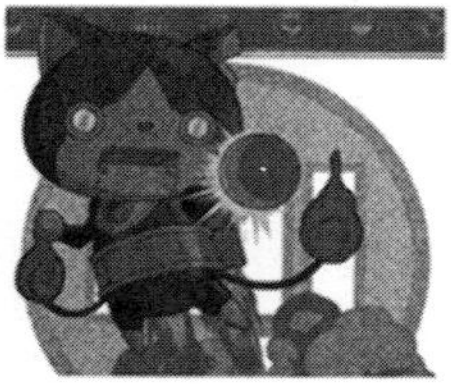

Ⅳ　ロボニャン
「妖怪がロボットになった！便利機能満載で頼れる存在」
（『妖怪ウォッチ全妖怪大百科』）

日本史A

a　Ⅰの妖怪のもととされている家庭電化製品が普及していた時期には、スーパーマーケットが各地に広がり、消費や生活の変化が進んだ。

b　Ⅱの妖怪が登場する条件とされている電化製品が普及しはじめた頃、日本の国内産業は空洞化に悩まされていた。

c　Ⅲの妖怪が発生した背景とされているバブル経済の時期には、株価が高騰した。

d　Ⅳの妖怪はロボットとされているが、企業が減量経営につとめた高度成長期には、ロボットの技術の導入が進められた。

①　a・c　　②　a・d　　③　b・c　　④　b・d

えた冷蔵庫のドアの数は増え、サイズは大きくなっていきました。扇風機は次第にボタンが増え、背が高くなり、その後、応接間にクーラーが設置されました。「新ぬりかべ」「新ぬらりひょん」は、この時代にぴったりの妖怪です。

スーパーマーケットは瞬く間に広がり、小さな八百屋や商店が次々と店を閉め、そのスーパーもダイエーやイオンなどにとって代わります。次の時代では日本はバブル経済に向かい、浮かれたように株価が高騰します。タクシーを止めるのに1万円札を振る時代です。「ムダヅカイ」という妖怪は、確実に人々のなかに住んでいました。

バブル崩壊後は、一転して企業は設備投資を縮小し、減量経営に向かいます。台頭してきた東南アジアや中国に生産拠点を移転し、国内製造業は空洞化、衰退していきます。さらに時代は進み、少子高齢化、人手不足、社会インフラの老朽化など、現在の日本社会が抱える課題は多く、その解決策の一つがＡＩやロボットです。「ロボニャン」は、現代における期待の象徴なのでしょう。

このように、**資料8**の問題を解くためには、妖怪と人々の関係、妖怪が生まれた時代背景、高度成長や産業空洞化、バブル経済、社会基盤技術など、複数の事象を結びつけて比較・検討する必要があります。単に、高度成長や空洞化、バブル経済などを事実的、

〈注㉒〉水木しげる『図説日本妖怪大鑑』講談社、2007年
〈注㉓〉レベルファイブ、日野晃博『妖怪ウォッチ全妖怪大百科』小学館、2015年

資料９　独立行政法人大学入試センター平成30年度本試験地理Ｂ

地理Ｂ

第５問　東京在住の高校生のヨシエさんは、次の図１に示すルートのように、デンマークを経由して、ノルウェー、スウェーデン、フィンランドを旅行した。そして、夏休みの宿題として３か国を比較したレポートを作成した。このレポートに関する下の問い（問１～５）に答えよ。（配点　14）

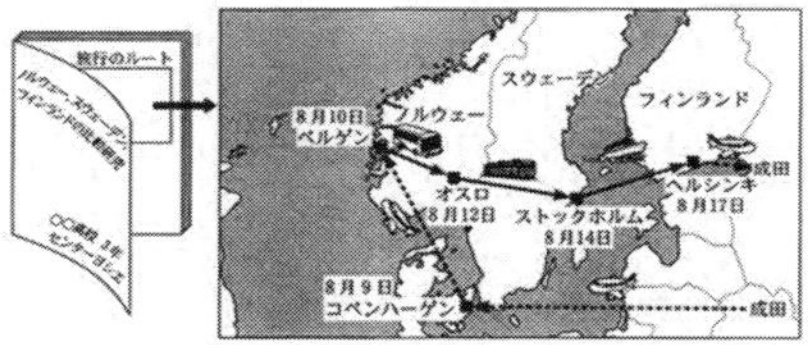

図　１

地理Ｂ

問４　ヨシエさんは、３か国の街を散策して、言語の違いに気づいた。そして、３か国の童話をモチーフにしたアニメーションが日本のテレビで放映されていたことを知り、３か国の文化の共通性と言語の違いを調べた。次の図５中のタとチはノルウェーとフィンランドを舞台にしたアニメーション、ＡとＢはノルウェー語とフィンランド語のいずれかを示したものである。フィンランドに関するアニメーションと言語との正しい組合せを、下の①～④のうちから一つ選べ。［28］

スウェーデンを舞台にしたアニメーション

「ニルスのふしぎな旅」

スウェーデン語

アニメーション

タ

「ムーミン」

チ

「小さなバイキングビッケ」

言語

Ａ

Ｂ

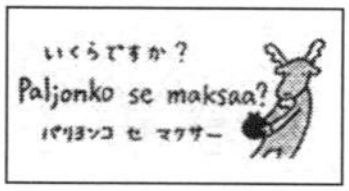

『旅の指さし会話帳㉚ スウェーデン』などにより作成。

図　５

	①	②	③	④
アニメーション	タ	タ	チ	チ
言　語	A	B	A	B

に知っているだけでは答えられない問題なのです。

２０１８年に出題されたセンター試験地理Ｂも同様です（資料9）。高校生がフィンランド、スウェーデン、ノルウェーの３か国を旅行したという設定から、複数の設問が構成されています。そこに児童文学で有名なムーミンや小さなバイキングビッケのイラストが登場します。その上で三つの国の「文化の共通性と言語の違い」

について問われるのです。

ネット上では「ムーミンが大好きな受験生は有利だ」「ムーミン谷は架空の場所、フィンランドだとは言い切れない」など、ムーミン公式サイトや北欧研究者まで巻き込んでずいぶんと盛り上がりました。

確かに、ムーミンの作者トーベ・ヤンソンは画家でもあり、フィンランドを代表する文化人であることを知っている人には有利でしょう。しかし、選択肢は言語との組み合わせなので、それだけでは解けません。

フィンランドは12世紀にスウェーデンに征服され、ロシアに帰属させられた後、20世紀に入って独立します。フィンランドはウラル語族ですが、スウェーデンとノルウェーはゲルマン語派です。フィンランドを訪れれば、スウェーデン語とフィンランド語が併記された標識や看板などにたくさん出合うことができます。

果たしてムーミンや言語、歴史などについてすべて知っている高校生が何人いることでしょう。でも、提示された資料から複数の知識を読み取って、これを組み合わせれば、答えはそれほどむずかしくありません。

●ムーミンの背景（森と湖の国フィンランド）
●トナカイ→サンタクロース→フィンランド

●ビッケの服装（バイキング）と船
●バイキングがヨーロッパ中を船で回ったこと
●ノルウェーの伝承に登場する妖精トロルと盾
●海上活動に有利なノルウェーの地形や位置
●三つの言語のうち、二つは似ているが、一つはかなり異なっていること
●言語と地理の関係（言語地図等）

「ムーミンの出身地は厳密にはどこなのか」という一対一対応の事実的な知識観から、**「出題ミスだ」「そうではない」と騒ぐ大人をよそに、当の受験生や高校関係者は落ち着いていた**そうです。

彼らは、この問題が「ムーミンを知っているか、知らないか」で解く問題ではなく、問題文から必要な情報を取り出し、これを組み立てれば、答えを容易に導き出せることを知っているからでしょう。

さらに、現行の大学入試センター試験に代わって、2020年度から実施される「大学入学共通テスト（仮称）」の「記述式問題のモデル問題」では、[24]「駐車場使用契約書」という極めて実社会とのかかわりが深い資料が問題として提示されています（**資料10**）。問題のなかでは、駐車料金の値上げが妥当なのかどうか理由を挙げて質問したり、契

資料10　大学入学共通テスト（仮称）

モデル問題例2

問　転勤の多い会社に勤めているサユリさんは、通勤用に自動車を所有しており、自宅近くに駐車場を借りている。以下は、その駐車場の管理会社である原パークとサユリさんが締結した契約書の一部である。これを読んで、あとの問い（問１～３）に答えよ。

駐車場使用契約書

　貸主　原パーク（以下、「甲」という。）と　借主　○○サユリ（以下、「乙」という。）は、次のとおり駐車場の使用契約を締結する。

第1条 合意内容
　甲は、乙に対し、甲が所有する下記駐車場を自動車1台の保管場所として使用する目的で賃貸する。

（駐車場の表示）
　住所　　　　　東京都新川市新川朝日町2丁目3番地
　名称　　　　　原パーキング第1
　駐車位置番号　11番

第2条 期間
　乙の使用する期間は、平成28年4月1日から平成29年3月31日の一年間とする。契約期間満了までに甲、乙いずれか一方から何等の申し入れがない時は、さらに一年間の契約が自動的に更新されるものとする。

第3条 駐車料金

約書のトラブルの可能性などを読み取ったりします。実際的な言語活動の文脈上で、情報を的確に把握し、条件や目的を理解して自分の考えを論理的に表現する力などを求めているのです。

　いまや全国学力・学習状況調査で育ってきた世代は、高校生や大学生になりました。センター試験や模擬試験などで普通にこのような問題を解いてきています。彼らは「事実的な知識」だけではなく、複数の「知識」を取り出して、それを組み合わせる「概念的な知識」を駆使する力を身につけつつあります。それは少なくとも「イイクニ・カマクラ」の世代が、受験戦争を勝ち抜くために徹底して磨いた

〈注㉔〉独立行政法人大学入試センター報道発表「「大学入学共通テスト（仮称）」記述式問題のモデル問題例」及び「第1回、第2回モニター調査実施結果の概要について」http://www.dnc.ac.jp/

「事実的な知識」とは、まったく異なる学力なのです。

現代人の知能は高い？

意外かもしれませんが、**人類の知能は、過去１００年にわたって着実に上昇し続けています**。この現象を最初に提唱したのは、ニュージーランドの政治学者ジェームズ・フリンで、「フリン効果」と呼ばれ、心理学の世界ではたいへん有名です[25]。

１９８０年代のはじめ、フリン教授は、知能検査の販売会社が定期的に知能検査を改訂していることに着目しました。

知能指数は、受検者が最も多くいる位置を１００とします。今の世代に以前の世代と同じ問題で検査をすると、正しく回答する問題の数が多くなります。そのため、１００になるようにテストを補正し改訂版を出すわけです。

フリンは、35か国から知能検査のデータを集め、多くの国で知能指数が上昇していることを発見しました[26]。10年で3ポイントの上昇です。

50年前、私は小学生でした。当時の私が、タイムマシンを使って現在の小学校に編入したら、知能指数は一気に15ポイント下がることになります。逆に、現在の平均的な小学生、つまり知能指数１００の児童が１００年前の小学生に混ざったとしたら、知能指数は130にもなり、天才少年と呼ばれることになるでしょう。さらに、100年前の平均的な人は、現代人からすれば知能指数は70、ほとんどが知的障害の境界ラインとなります。でも、これはおかしなことです。

フリンも、最初はテスト慣れだろうと思っていましたが、詳細に調べるうちに単にテスト慣れでは説明できない現象であることを掴んでいきます。

知能検査の項目を検討すると、知識や語彙、計算などについては、それほど大きくは変化しておらず、むしろ下がっているケースもあります。上昇しているのは、「不完全な絵画の欠如部分を探す」「埋められていないマス目の模様を考える」「類似のものを見つけ出す」など特定の部分です。それは分類や仮説の提示、演繹や類推などの論理を使って抽象概論を扱う科学的な思考に関するものでした。

フリンは、**社会や文化の変化が新しい思考の習慣を定着させて、知能検査の結果を押し上げている**と考えました。たとえば、ゲームやテレビなどの視覚文化の広まり、医者や弁護士など知的能力を要する仕事の増加、金融や農業など産業におけるIT技術の活用、学校教育の普及などが、私たちの知能に影響を与えているのです。

〈注㉕〉ジェームズ・ロバート・フリン著／水田賢政訳『なぜ人類のIQは上がり続けているのか？　人種、性別、老化と知能指数』太田出版、2015年

〈注㉖〉ジェームズ・ロバート・フリン著／無藤隆、白川佳子、森敏昭訳『知能と人間の進歩　遺伝子に秘められた人類の可能性』新曜社、2016年

人は賢くなっているのか?「現代の私たちは祖先に比べて考える能力が高いのか」という意味なら、そうではない。「私たちは、経済発展にともなって増加する諸問題をはじめ、今日の複雑な世界に対処する知的能力を進化させてきたか」という意味なら、そうだ。[27]

昔の人は自分の経験や現実から考える習慣に即しており、それに対して私たちは仮定や推論から考えることができるように進化したのです。

ここで、アレクサンドル・ロマノヴィッチ・ルリヤ(かつてのソビエト連邦の心理学者)の有名な実験を紹介しましょう。

ルリヤは中央アジアの農夫に知能検査と同じような仮説的な推論を含む質問をします。

「一年中、雪が降っている北のほうでは熊は白い」

「Xという村は北のほうにある」

「そこの熊は白いだろうか、白くないだろうか」

返ってきた答えは次のとおりです。

「そこにどんな熊がいるか知らないよ。そこに住んでいないんだから。なんでX村の老人に聞かないんだい?」[28]

農夫は自分の経験や、現実的な信頼性に即して考えています。彼の言っていることは正論で、間違っている部分はないでしょう。でも、分類や仮説を用いて、抽象的概念を論理でつなぐことは苦手だと思います。現代の知能検査ではよい成績はとれないはずです。

フリンが紹介する別の事例は、抽象的な仮定に関するもので、私にとっても身につまされるものでした。

1885年生まれのフリンのお父さんは人種差別を擁護する人で、よくフリンと議論をしたそうです。ある日、フリンは「もし父さんが、明日の朝、目が覚めて肌の色が変わっていたどうするの？」と食ってかかったら、「バカも休み休み言え、朝起きたら肌の色が変わったなんて人がいたか？」と答えたそうです。フリンのお父さんも現実に即して考える世代だったのです[㉙]。

1929年生まれだった私の父も同じでした。

「A国人は信用できない。嘘をつくし、どんなに信頼しても裏切る」

それは彼の実体験に基づく事柄です。それに対して、私はよく「A国人も、B国人も、

〈注㉗〉前掲書㉕、14頁

〈注㉘〉A LEXANDER R.LURA"Toward the Problem of the Historical Nature of Psychological Processes"International Journal of Psychology,1971,6,259-272.　上野は、農夫は単に知っているか知らないかを答えただけであり、質問者と文脈を共有できなかった状況的なズレの問題だと述べている。実際、彼らは綿花と気候の問題については経験をもとに〝正しく〟答える。上野直樹著『シリーズ人間の発達9　仕事の中での学習　状況論的アプローチ』東京大学出版会、1999年、63頁〜66頁

〈注㉙〉前掲書㉕、39頁、202頁。

日本人もみんな同じ人間だ。父さんの考え方は間違っている」と否定しました。

何度議論しても、父は「いや、A国人はA国人だ（ほかの何ものでもない）」と答えました。私は、父の頑固さよりも、人間という概念から導き出される論理的な「正しさ」を理解しない父の見方や考え方が嫌いでした。しかし、今は思考習慣の違いだと分かります。

父の世代は、自分の経験や現実から考える実直さが大切で、そのような性質をもっている人が信用できる人だったのです。見たこともやったこともない仮定や推論などから考える人間は、いわば「信用ならない詐欺師」も同然です。つき合うには慎重になる必要があったでしょう。父は私に、仮定ではなく実際につき合うことで、信頼を得ることの大切さを教えたかったのかもしれません。

父の時代に比べ、現代では、多くの人が会社や専門的な職場で働くようになりました。作物や動物や農機具の代わりに、記号や情報を扱うようになり、パソコンを駆使しています。人々は直接的な経験から物事を考えるのではなく、抽象的な思考力や推論能力を用いて判断するようになりました。社会や時代に応じて、人々の思考の作法は変わってきたのです。

知能検査が人間の「知能」を完全に測定しているわけではありません。しかし、知能検査改訂のスピードは確実に早まっています。

●児童向けウェクスラー式知能検査WｰSC（Wechsler Intelligence Scale for Children）初版
１９４９年（日本版１９５３年）
●改訂版WｰSCｰR　１９７４年（日本版１９７８年）
●第３版WｰSCｰⅢ　１９９１年（日本版１９９８年）
●第４版WｰSCｰⅣ　２００３年（日本版２０１０年）
●最新版WｰSCｰⅤ　２０１４年

知能構造のモデルの変化が主な要因ですが[30]、フリンの指摘する「認知的な進化」も背景にあります。「以前は25年に1回見直せばよかったのに、フリン効果のせいで、今は10年に1回見直さないといけない」と知能検査の標準化に関わる研究者がぼやいているのは事実なのです。

テレビや漫画の変化

ここからはテレビドラマや漫画を題材にして、人間の知能が高まり、より複雑な情報

〈注㉚〉上野一彦「日本版WｰISCｰⅣの改訂経緯と特徴」『日本版WｰISCｰⅣテクニカルリポート』２０１１年、https://www.nichibun.co.jp/kensa/technicalreport/

を処理できるようになったことについて確かめていきましょう。

　フリンは、昔のテレビ番組が、連続ドラマであっても1話完結型で、ストーリーが単純だったのに対して、１９８１年あたりから複数のストーリーが交錯するドラマが現れはじめたことを指摘しています[31]。

　２００１年にアメリカで放送が開始され、世界的人気ドラマになった『24―TWENTY FOUR―』では、捜査官ジャック・バウアーをはじめとして、ジャックの家族、同僚、大統領、政権スタッフ、人質、人質を取られて犯行に加担させられた人物など、数多くの人物が登場し、時間軸に沿って交互に場面が切り替わりながら物語が進行します。

　２０００年にはじまった『ＣＳＩ：科学捜査班』も同様です。鑑識のチームが最新科学を駆使して凶悪犯罪に挑むのですが、チーム全員で一つの事件を捜査することもあれば、複数の事件を複数のチームで担当することもあります。犯罪捜査だけでなく、チームの人間関係、捜査官個人の過去や家族関係なども輻輳《ふくそう》して進行します。

『24―TWENTY FOUR―』『ＣＳＩ：科学捜査班』は、その後の日本のテレビドラマに大きな影響を与えました。

　現在、放映されているテレビドラマは、登場人物が多く、人々は互いに絡み合いながら複数のストーリーが展開されています。平成以降の『仮面ライダー』などの子供番組ですらそうです。

現代のテレビドラマを見る視聴者は、いくつものストーリーや登場人物を頭のなかに置いておかなければなりません。善悪もはっきりしませんから、毎週同じ展開で安心できるようなことはなく、常に不安を抱えたままテレビを見続けることになります。過去のテレビドラマ、たとえば勧善懲悪の『水戸黄門』、1話完結型の『ウルトラマン』、主人公の一生が時間軸に沿って進行する朝のテレビ小説などとは大違いです。

私は最近のテレビドラマを見ると疲れるようになりました。第2章で紹介した宮古島のオジイが見たら、いったいなんと言うでしょう。

疲れるといえば、最近すっかり漫画が読めなくなってきました。

私の生まれは1958年です。物心ついたときからテレビがあり、1963年にはじまる『鉄腕アトム』『鉄人28号』『エイトマン』などのアニメを見て、貸本から月刊誌に移った漫画雑誌『少年』『ぼくら』、週刊誌『少年マガジン』『少年ジャンプ』などを読んで育ちました。当時は漫画世代と呼ばれたものです。

漫画はコマによって場面が区切られながら、吹き出しと絵を用いて動きや時間を表現します。基本的には右から左、上から下に物語は進行します。「漫画には漫画に固有の読み方のコード」[32]があり、私たちはその約束事を踏まえて、絵と吹き出しによって紡ぎ

〈注㉛〉前掲書㉕、38頁
〈注㉜〉四方田犬彦著『漫画原論』筑摩書房、1994年、36頁

資料11　『のらくろ伍長』右から左、上から下と規則正しく場面が展開

田河水泡著『のらくろ軍曹』講談社、1969年、93〜95頁より転載／©田河水泡／講談社

出される物語を体験しているのです。

私の世代以前の漫画の代表と言えば、1931年からはじまった田川水泡の『のらくろ』でしょう（**資料11**）。右から左、上から下と規則正しく場面が展開していきます。一つのコマのなかで右から現れた相手と、のらくろの位置関係は、次のコマにおいても忠実に守られています[33]。読者は演劇や紙芝居を見るように画面に正対し、物語を安定した構図で楽しむことができます。

1956年にはじまる『鉄人28号』になると、（基本的な構成は同じですが）映画的な表現が取り入れられています。鉄人28号とブラックオックスが闘う場面で、ブラックオックスの腕だけが「クローズアップ」されたり、鉄人とブラックオックスの闘いの間に、操縦する正太郎少年の物語が並行したりします[34]（**資料12**）。

資料12　『鉄人28号』映画的な表現を取り入れつつも双方の位置関係は固定

横山光輝著『潮漫画文庫　鉄人28号　7』潮出版社、2009年、383～385頁より転載／©光プロダクション

ただし、ブラックオックスは画面の右側に配置され、鉄人28号は左側に配置されるという位置関係は維持されます。漫画が好きだった私は、1冊の漫画をあっという間に読むことを得意にしていました。

ところが、『スラムダンク』というバスケット漫画が中学生の間で流行りはじめた1990年ごろから、漫画に入り込めない自分に気づくようになります。一つ一つのコマを描く視点が、引きであったり、寄りであったり、視点も多様で、読みにくく感じはじめたのです。ただ、最初のうちは、「子供のころのようには量を読まなくなったもんなぁ。きっとそのせいだろう」と思っていました。

〈注㉝〉田河水泡著『のらくろ軍曹』講談社、1969年、93～95頁
〈注㉞〉横山光輝著『潮漫画文庫　鉄人28号　7』潮出版社、2009年、383～385頁

資料13　『ONE PIECE』様々な角度、大小で描かれる3DCGのような表現

尾田栄一郎著『ONE PIECE』（ワンピース）集英社、第１巻、1997年、160〜162頁より転載

ところが、1997年にはじまる『ONE PIECE』（ワンピース）に至っては、完全にお手上げでした。どこをどう読んでよいかさっぱり分からなかったのです。

オチがコマの端の小さな部分に描かれていることもあり、それが読み取れず、さらに戦いのシーンに至っては、どのように戦いが行われているのか、私の脳内で画像を結べないのです（**資料13**）。

主人公を描く視点は、上下、右左、大小が激しく入れ替わり、登場人物同士の空間的な位置関係が複雑です。また物語についても、前述のテレビドラマと同様に、登場人物が多すぎて、走っているストーリーも多岐にわたります。私は話の展開についていけませんでした[35]。

この現象に対する、ある学校の先生の指摘

は、私の納得のできるものでした。

テレビゲームを考えればよいと思いますよ。テレビゲームは３ＤＣＧで出来ていますよね。格闘する2名をいろいろな距離や角度から見て、操作することができます。それを漫画では、コマに表しているだけなのでしょう。今の子供たちは、頭のなかで空間を構成することができるんだろうと思います。小さいころから３Ｄの格闘ゲームなどをやっていますから。㊱

この分析が妥当かどうかは別の場で確かめる必要がありますが、少なくとも、子供が読めて私が読めないということは厳然たる事実でしょう。すでに『ＯＮＥ ＰＩＥＣＥ』の連載がはじまって20年。現代の子供たちは、さらに新しい読みのコードを身につけているだろうと思われます。そこに知能の変化があるとすれば、漫画もまた現代の子供たちが、フリンのいう新たな思考習慣を獲得していることの例証かもしれません。

〈注㉟〉１９６４年から65年にかけて雑誌『少年』に連載された手塚治虫『鉄腕アトム』の「地上最大のロボット」と、それを原作として２００３年から２００９年まで『ビッグコミックオリジナル』に連載された浦沢直樹『ＰＬＵＴＯ』（プルートウ）を比較しても分かる。

〈注㊱〉筑波大学附属桐が丘特別支援学校教諭　森田亮

フリンは、技能についても取り上げ、それが時代とともに進化することをバスケットボールで説明しています。

利き腕でシュートとパスが上手にできればプロになれたバスケットボール界に、ある日、左右どちらの手でもパスをする選手が登場します。周りは対抗策を練ると同時に、自分たちも真似します。その次には、左右どちらの手でもシュートをする選手が出現しますが、その高度なスキルも、しばらくすると真似されていきます。

第二次大戦後は、テレビのバスケットボールの実況放送がはじまります。迫力ある映像に人気が盛り上がり、多くの人々がバスケットボールをするようになり、さらにスキルが向上します。結果的にバスケットボールは、「1950年代のドタバタした泥臭いスポーツから、スムーズで華麗なスポーツへと脱皮し、1960年代に定着」します。フリンはこれを「社会的増幅器」と呼んでいます[37]。

スキルの向上には、テレビ映像の影響もあるでしょう。そこではクローズアップやスロー再生などを用いてプレーや技が紹介されます。真似したり、対抗策を練ったりすることがいっそう容易になります。現代においては、様々なセンサーを用いて、シュートする腕の軸、シュートのタイミング、チームプレーなどがコンピューターで解析され、シュート確率の向上や、戦術の高度化などが図られています。

また、ナイキやアディダスなどのスポーツ産業も発展し、1980年頃から多くの資金がバスケットボールに投入されるようになります。メディアも発達し、スポーツ中継は世界中で放映され、今や世界中からNBAに優秀な人材が集まっています。バスケットボールはすっかり高度で洗練されたゲームに変化しました。

「社会的増幅器」は、バスケットボールに限らず、野球やフィギュアスケートでも、作動しています。1960年代の野球、あるいは4年前のフィギュア選手のスキルを見れば、その進化は歴然です。

同時に、スポーツを見る側にも変化は起きています。野球では試合経過に応じて球種や球筋などが画面に現れます。フィギュアスケートでは、選手が演技をしている最中に「技術点カウンター」が信号のように点灯し、審判の評価が可視化されます（資料14）。視聴者は、それらのデータを併せ見ながら観戦します。「社会的増幅器」は、私たち自身のスポーツ観戦力も高度化させているのです。

知識、技能、思考習慣…私たちの学力は、社会や時代の影響を受けながら進化し続けています。同時

資料14　データの可視化

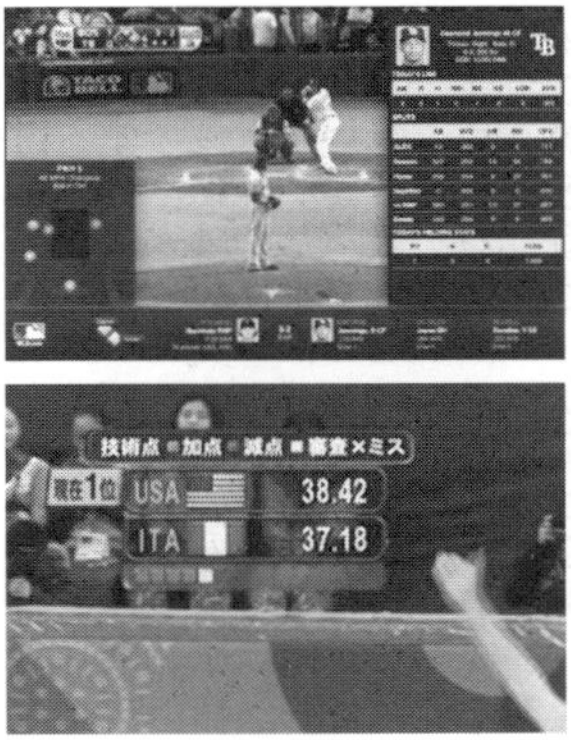

〈注㊲〉前掲書㉖、11頁

に、変化を果たしたときに、それ以前の世代と、今の世代では、お互いの学力がかなり様相の異なるものになっています。

私は仕事柄、一般の人よりものこぎりや小刀などを用いるスキルは達者です。でも父からすれば笑ってしまう程度だと思います。父は一人で小屋を建てられる技量がありました。私は、父の時代からすれば半人前で、感覚や技能も貧相に見えたことでしょう。でも私からすれば、父の文化的な感覚や論理性、ＩＣＴの技能などは現代に通じない古臭いものでした。私と父はお互い理解し合えない関係にあったと思います。しかし、それは個人のせいではありません。それぞれ**時代ごとに異なる「感性」「論理性」「学力」などがある**ということです。

昔の価値観やノスタルジーで目の前の子供の「学力」を決めつける、自分たちの学力観で一方的に若者を評価するなどに対して、私は慎重であるべきだと思うのです。そうできれば、（かつて自分だって親から言われて嫌だったはずの）「今の子は…」という言葉を自ら口にしたりせずに済むでしょう。

これからも、否応なしに知識や技術は変化し、学力も進化し続けることでしょう。子供の学力は個人の内側だけに閉じ込められるものではありません。文化や社会のネットワークも視野に入れて、可変的にとらえることが大切だろうと思います。

第4章
教育の効果、その最大要因は「教師」

「学校教育でかけがえのない存在は？」と尋ねると、ほとんどの人が「子供でしょ？」と答えるのではないでしょうか。少なくとも、真っ先に「教師だ！」と答える人はいないと思います。しかし、学校教育において、子供は子供だけでは存在することができません。子供は学校制度、校舎、カリキュラム、教師、友達など、多様な資源に囲まれることによってはじめて、子供になることができるからです。

こうした資源のネットワークを構成する要素として、最も重要な存在が教師です。**「かけがえのない子供」とは、「かけがえのない教師」がいて、はじめて成り立つ**のです。

そこで本章では、教育の効果という側面から「教師」について検討していきます。

効果量という指標

宿題、就学前プログラム、学級規模の縮小、能力別学級など、様々な教育方法や施策があります。データに基づいて教育効果を測定することで著名なジョン・ハッティは、何百万もの子供たちを対象とし、５万件の研究成果をもとにして８００以上のメタ分析を統合しました。その結果、**学習に最も違いをもたらすものの一つが教師だ**という結論に達します。

ハッティは、学力に与える影響の違いを「効果量ｄ」によって表しました。効果量と

資料1　全メタ分析の効果量の分布

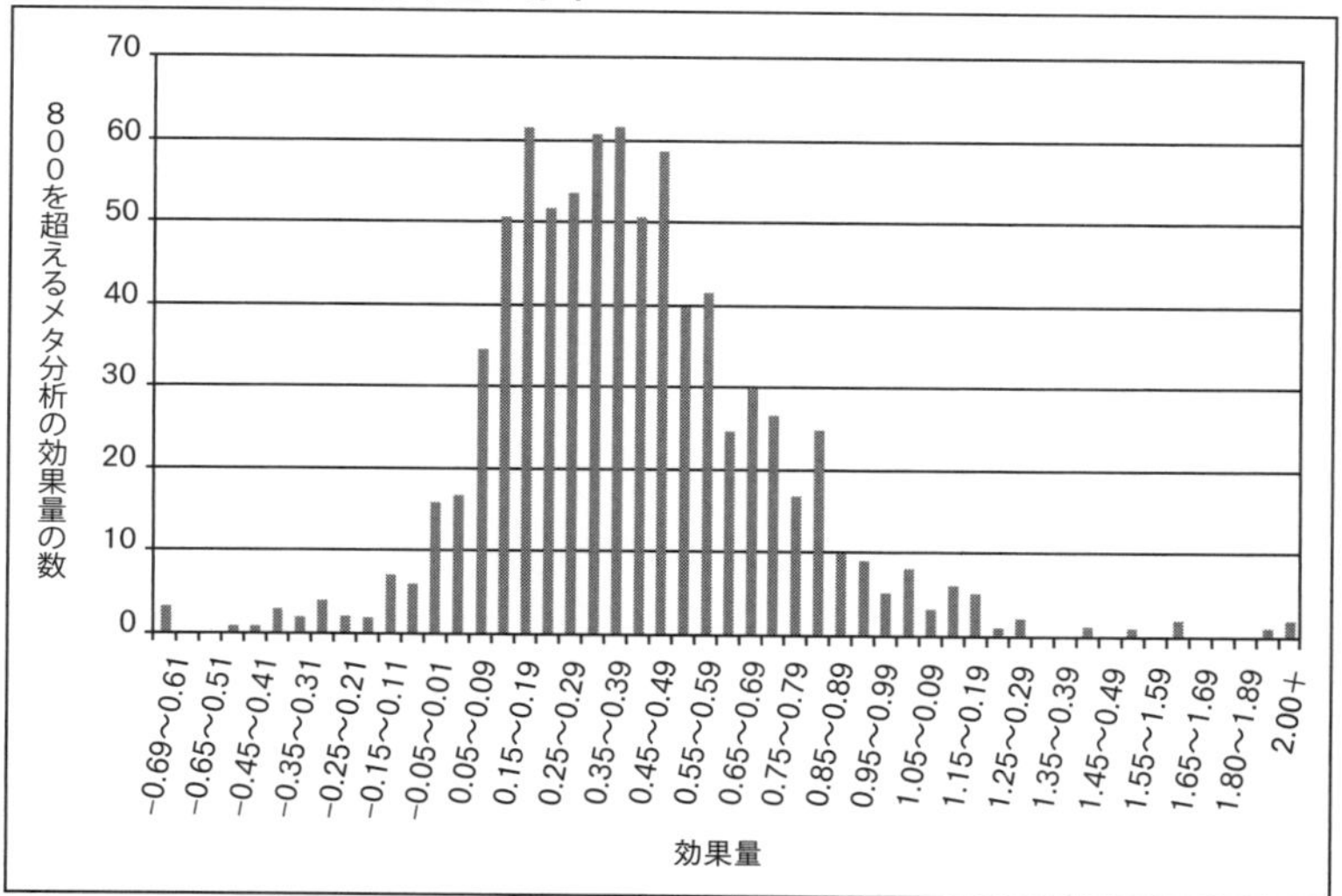

ジョン・ハッティ著／山森光陽訳『教育の効果　メタ分析による学力に影響を与える要因の効果の可視化』図書文化社、2018年、48頁より引用

は効果の大きさを表す指標で、実験群と統制群の平均値の差を標準化した数値です。効果量dを用いることで、研究ごとに異なる測定単位や量などをおおむね同じ条件で比べることができます（**資料1**）。

800のメタ分析を効果量dで比較して分かったことは、学校や教室で行われていることは、ほぼすべてに「正の効果」があるということです。簡単にいえば、何をやっても子供の学力は伸びるというわけです[①]。

ただし、効果の程度には違いがあります。効果量の平均はd＝0・4で

〈注①〉ジョン・ハッティ著／山森光陽訳『教育の効果　メタ分析による学力に影響を与える要因の効果の可視化』図書文化社、2018年

す。つまり、効果量が0・4以上であれば、平均以上の効果が見られるのですが、0・4以下であれば、（それなりに効果はあるけれども）時間や費用、実施方法などを検討する必要があるということになります。

効果量で全体を見渡したとき、学習に対して影響が高いもののひとつは教師です。学級規模や異年齢学級などの制度や、宿題や視聴覚教材などの指導は思ったほど効果は高くないようです。

「効果量の数値が高い」ということは、それを取り入れれば直ちに効果が上がるという意味ではありません。「学習成果の分散がその要因によって説明される割合が高い」ということです。

たとえば、「教師の明瞭さ」は、効果量d＝0・75です[2]。目標の明示や明瞭な話し方などは学習成果に大きな違いをもたらすという意味ですが、「一人残らずすべての教師が0・75だ」ということではないのです。効果や影響の大きさは教師によって異なります。

逆に、「効果量の数値が低ければ全く意味がない」ということでもありません。たとえば「宿題」の効果はd＝0・29ですが、正の効果であることは間違いなく、負の効果を示しているわけではないのです[3]。

「異学年・異年齢学級編制」にいたっては、効果量d＝0・04です[4]。学力に対しては「毒にも薬にもならない」数値です。けれども、地域的な特性や学校の活性化などの意味があれば、大切な施策となるでしょう。たとえば、かつて勤務した全校児童数140名ほどの僻地校では、異学年学級による交流が、固定的になりがちな児童の人間関係の再構築や教師の児童理解につながっていました。

ハッティ自身も、自分の研究は「効果的な方法」を並べ立て、これをランクづけするものではなく、その方法になぜ効果があるのかを説明することに役立ててほしいと述べています。

少人数学級の効果

もう一度「宿題」について考えてみましょう。

「宿題」の効果d＝0・29は、効果量としては平均以下です。宿題を出す、出さないの違いは、身長に置き換えれば180cmと182cm程度の差しかなく、目覚ましいわけではありません。女子よりも男子、読解よりも数学で効果があり、学力の伸びに与える影

〈注②〉前掲書① 150頁
〈注③〉前掲書①、37頁／248~250頁
〈注④〉前掲書①、125頁

響は、小学生（d＝0・15）よりも高校生（d＝0・64）のほうが高いようです[5]。
子供たちの学習習慣を向上させるというエビデンスも見られないのですが、「正の効果」であることは確かです。実施するとしたら、どのような宿題を出すのか、どのような方法で出すのかなど効果を高める工夫が必要でしょう。

国会等でよく議論になる「学級規模の縮小」はd＝0・21です[6]。効果は見られますが、費用対効果の検討が必要な値です。

他方、1学級当たりの児童・生徒数を減らせば、一人ひとりを丁寧に見る時間、子供と向き合う時間が増えます。子供の学習状況を把握しやすく、指導や配慮がいきわたります。私の勤務していた人口２０００人ほどの村立小学校は、1学年1学級で、1クラス20人前後でしたが、県内で最も学力の高い小学校と同程度の学習成績を修めていました。

国立教育政策研究所の山森は、小学2年生の国語で、過去の学力が同程度であれば、少人数学級のほうが、その後の学力は高くなると報告しています[7]。また同様の傾向を示す研究が、国内外に多く存在していることも指摘しています。

仕事の面でも効果はあります。クラスの人数が5人減れば、それだけでテストを採点したり通知表に記述したりする仕事量は大幅に減ります。5人も違えばひと仕事あたり1時間は違いますから、感じる疲れはずいぶんと変わります。少人数学級は、学校の「働き方改革」に関する議題としては大事な視点だと思います。

他方、学級規模を縮小すれば、当然学級と先生の数は増えます。単年度ではなく継続的に人件費がかさむことになり、小・中学校の教職員（県費負担教職員）の給与費の3分の1を国が負担している義務教育費国庫負担制度という視点からは嫌われます。

教育効果について統計的な分析を行っている教育経済学者の中室は、「少人数学級は学力を上昇させる因果効果はあるものの、他の政策と比較すると費用対効果は低い政策である[⑧]」と述べています。「学級規模の縮小」の効果量d＝0・21は、効果は見られるものの、教師を採用する膨大なコストに見合っているかは微妙な数値なのです。

「能力別学級」はどうでしょうか。算数や数学などで取り入れられ、少人数学級にするほどコストはかかりません。しかし、「能力別学級」の効果量はd＝0・12、効果としては極めて小さいものです[⑨]。

公平性という点でも課題があります。高学力クラスに集められる子は、そもそも高収

〈注⑤〉前掲書①　248～250頁
〈注⑥〉前掲書①、117～121頁
〈注⑦〉山森光陽著「学級規模の大小による児童の過去の学力と後続の学力との関係の違い～小学校第2学年国語を対象として～」『教育心理学研究』64巻、2016年
〈注⑧〉中室牧子著『「学力」の経済学』ディスカヴァー・トゥエンティワン、2015年、105頁
〈注⑨〉前掲書①　121～125頁

入で学習習慣が身についており、能力別学級によって成績の伸びもいっそう期待ができます。一方、低学力のクラスには、困難を抱える様々な子供が集められ、秩序が形成されず、学習に集中して取り組めない状態が続きます。学習困難者を囲い込み、人種や収入による教育格差が拡大する弊害も指摘されています[⑩]。

しかし、「学級規模の縮小」や「能力別学級」の効果量が低いことは、それ自体の責任というよりも、そもそも学校が教師に依存するシステムであることを物語っているように思います。

教える人数が変わったからといって自分の指導方法を大きく変える教師はまずいません。人数に応じて教え方を劇的に変更することは困難だからです。

教師は、自分が「これだ！」と思う指導法を何年もかけて身につけ、日々状況に応じて実践しています。それは野球の投手に似ています。

投手は打者に向かって全力で球を投げます。全力で投げるという行為そのものはどの投手も同じです。でも、投手によって発揮できる球速や球種などの特徴は異なります。その特徴は、打者やチームが変わったからといって、「今日は速球投手、明日は変化球投手」と変われるわけではないのです。

教師は、子供の数に関係なく授業をするという言い方もできますが、目の前にどのような数の子供たちがいても、自分の特徴を生かしながら全力で指導するのが教師だとも言えるでしょう。40人学級でも、能力別学級であっても、教師は指導の改善に努め、子供たちの学力向上のために最善を尽くしているのです。

山森は、小規模学級の学力効果を示す研究は、国や学年、学校などによって結果が異なるものが多く、そこに他の要因が様々に絡んでいると述べています[11]。その一つが教師だとすれば、その影響は少人数学級や能力別学級よりもはるかに大きいでしょう。

教師の効果

教師に関する要因は、「教師の明瞭さ」（効果量d＝0・75[12]）、「教師と学習者の関係」（効果量d＝0・72[13]）など、宿題や少人数学級以上の効果量を示しています（資料2）。

このうち、「教師の明瞭さ」効果量d＝0・75はむずかしい話ではありません。**教師の話の聞き取りやすさや内容の分かりやすさなどが、学力に影響を与える度合いは大き**

〈注⑩〉前掲書①、123頁
〈注⑪〉山森光陽「学級規模研究の展望」国立教育政策研究所、平成25～26年度プロジェクト研究「少人数指導・少人数学級の効果に関する調査研究」研究報告書「学級規模が児童生徒の学力に与える影響とその過程」2015年、1～16頁
〈注⑫〉前掲書①、150頁
〈注⑬〉前掲書①、139～141頁

資料2　教師に関する要因

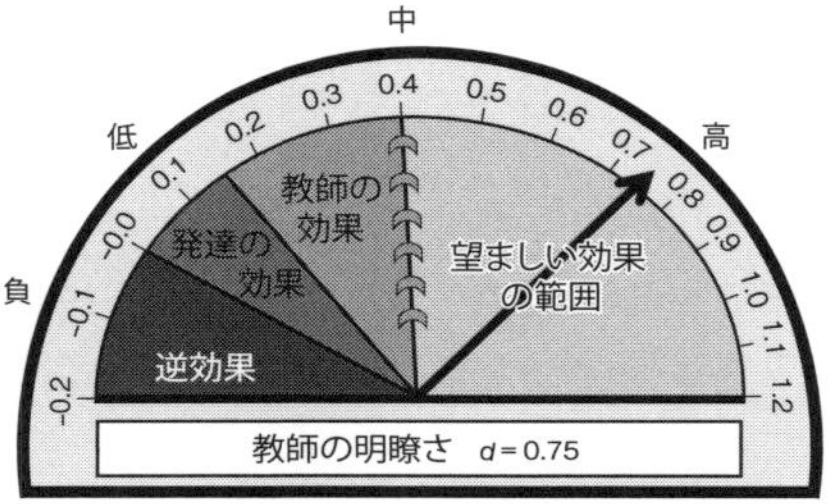

標準誤差	na
順位	8位
メタ分析数	1
一次研究数	na
効果指標数	na
対象者数（0）	na

ジョン・ハッティ著／山森光陽訳『教育の効果　メタ分析による学力に影響を与える要因の効果の可視化』図書文化社、2018年、150頁より引用

いということです。

授業の概要について説明する場面、目標を示す場面、子供の意見や実践を評価する場面など、「教師の明瞭さ」は学習のあらゆる場面で求められます。

初任者の授業研究でチェックされるポイントもここが中心です。話す音量や指示の明確さ、分かりやすさなどをふまえた上で、子供が授業の目標を理解しているか、学習の流れが分かっているかなどが具体的に検討されます。

教員同士が学び合う風土のある日本では、「教師の明瞭さ」は学校文化のなかに定着している実践だと思います。子供からすれば、先生が何を話しているかが分かればスムーズに勉強できますし、それが学力に対する効果につながるのは当然のことでしょう。

次に、「教師と学習者の関係」の効果量はd＝0・72です[14]。文字どおり**先生と子供の関係性が良好であれば、子供の学力は伸びる**ということになります。

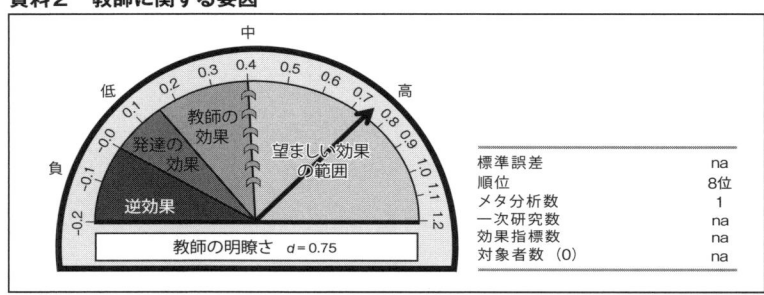

たとえば、子供に共感的に接し、よく子供の話を聞き、子供の思いに共感し、思いやることができる先生がいるとします。子供たちは自分に関心を寄せられ、周りからも気遣いを受けていると感じることでしょう。

自分が大切にされていると感じている子供は、友達も大切にするでしょう。一人ひとりが、一人ひとりを尊重するようになり、学級は居心地のよい場所に発展します。「学級は間違ってもよい場所」「友達の意見は大切だ」などの安心感や雰囲気が醸成され、子供は学習に集中して取り組み、友達を尊重し、自主的・自律的に学習するようになります。

子供の立場に立てば、子供を理解しようとする教師のもとで学力が高くなることは不思議な話ではありません。先生や学校、保護者などの実感や経験にも一致します。効果量d＝0・72は、学校関係者としては大いに納得できる数値です。

教師と子供の人間関係で大切なのは、子供に高い期待を抱くことです。**子供に高い期待をもつとは、子供をむやみにほめたり、過度に子供の能力を強調したりすることではありません。子供が伸びる存在だという態度で子供たちに接することです。**

「この子はできない」と教師が考えれば、その期待の低さによって、本当にその子の学

〈注⑭〉前掲書①、139～141頁

力が下がってしまいます。ハッティは、ニュージーランドの学校で「先生はあなたのことが好きかな」と尋ねると、マジョリティの白人の子供は「はい」と答えるのに対して、マイノリティの子供たちからは「いいえ」という答えが返ってくることを挙げています[15]。

この話の興味深い点は、この結果を示された教師が一様に驚くことにあります。「驚く」ということは「そうは思っていなかった」ということです。自分がうまくいってるところ、自分の気持ちのいい部分ばかりに目を奪われていたであろうことが推測されます。

学力に対して中程度の影響を与えるのは教師の期待であり、中でも、受け持っている学習者全員に対して寄せる期待が低いことは中程度の負の影響を与える[16]。

「この子は伸びる」という期待をもって子供に接すれば、「先生が自分に関心をもってくれている」「気にかけてくれている」とその子供は敏感に感じ取ります。その子が何を感じ考えているかをとらえられれば、「先生は自分と同じことに関心があるんだ」と安心することでしょう。

さらに前と比べて何が違ってきたか、具体的な修正点や課題を示してくれれば、子供は自分の学習を見つめ直し、自己評価能力を高めるでしょう。その一人ひとりの活動が友達との相互行為として活性化し、学級の雰囲気として醸成されれば、安定した学習が展開されます。

そのスタートが、子供に期待をもって接し、子供の目を通して学習や学級を見ることです。そのような教師のあり方こそが、恒常的に子供たちの学習効果を高めるのです。

教師の質と現職教育

ハッティは、学習者の能力を実質的に低める、学習者に悪影響を及ぼすような教師はいないとしつつも、「教師要因」のなかでは「教師の質」が特に重要だと主張しています。ここでいう「教師の質」とは、教師の人格のことではありません。教師が様々な指導法を身につけたり、学習指導の失敗や成功などから学んだりしながら、子供に効果的な方法で教えられるかどうかの指標です。

ハッティは、影響力の高い教師の学級にいる生徒は、影響力の低い教師の学級の同級生よりも、ほぼ1年分優位にあると指摘します[17]。また、学習を表層と深層に分けてとら

〈注⑮〉前掲書①、153頁
〈注⑯〉前掲書①、150頁
〈注⑰〉ジョン・ハッティ著／原田信之訳者代表『学習に何が最も効果的か―メタ分析による学習の可視化◆教師編◆』あいり出版、2017年、31頁

資料3　表層学習または深層学習として分類された生徒の活動の割合

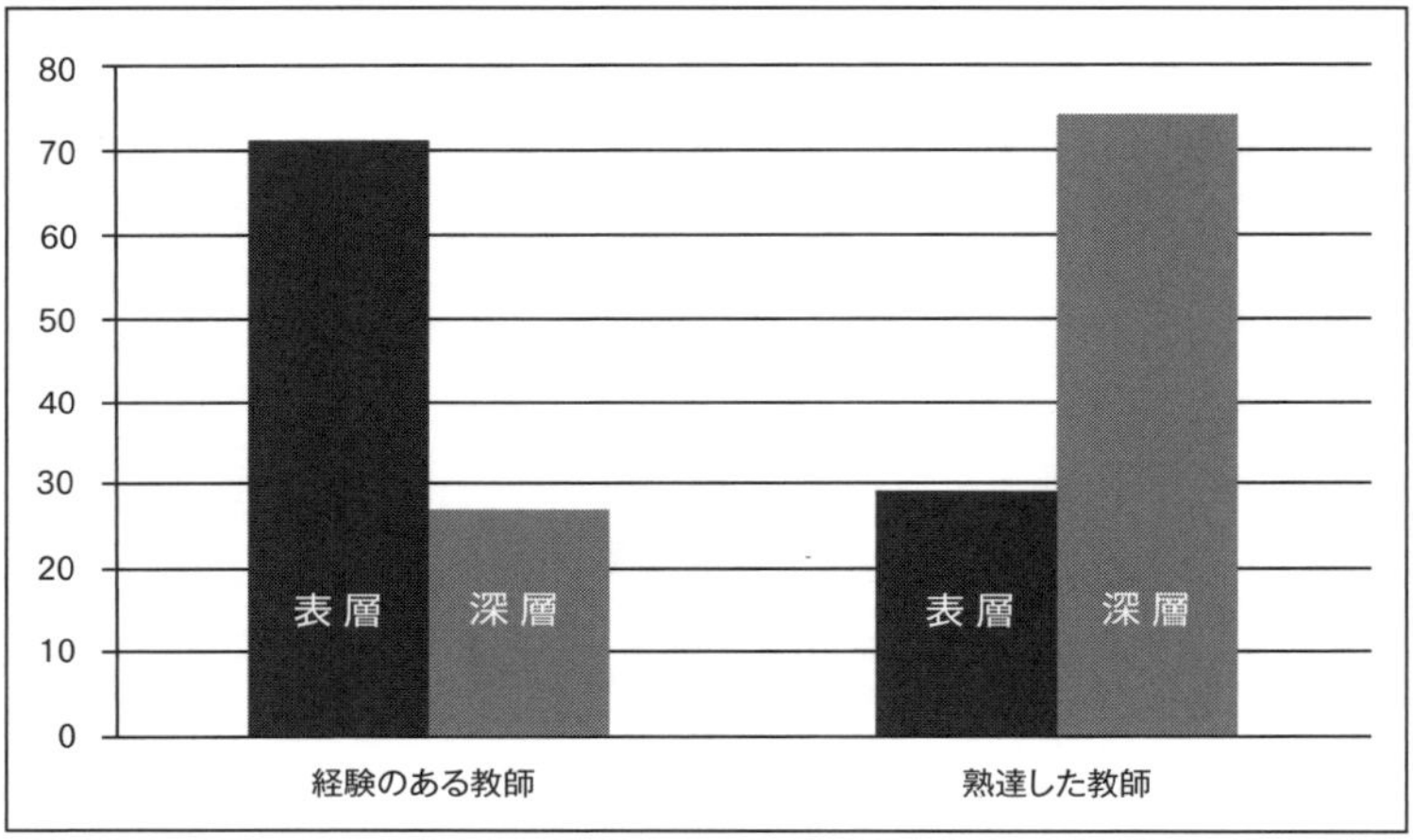

ジョン・ハッティ著／原田信之訳者代表『学習に何が最も効果的か―メタ分析による学習の可視化◆教師編◆』あいり出版、2017年、40頁より転載

えたときに、「熟達した教師」の生徒は、表層的な理解にも深層的な理解にも達しているのですが、単に「経験のある教師」の生徒は表層的な理解には長けても、深層的な理解がそれほどでもないと述べています[18]（資料3）。

教員の資質能力の向上に関する中央教育審議会答申では、これからの教員に求められる資質について、次のように述べています。

> また、教職生活全体を通じて、実践的指導力等を高めるとともに、社会の急速な進展の中で、知識・技能の絶えざる刷新が必要であることから、教員が探究力を持ち、学び続ける存在であることが不可欠である（「学び続ける教員像」の確立[19]）。

グローバル化やAI、少子高齢化など急激な変化を続ける社会において、自ら学び、かつ学び続けられる教師の存在は重要です。教師自身の教育に対する姿勢が問われている時代だといえるでしょう。

「教師の質」を高める方法の一つとして、よく話題になるのが「現職教育」です。現職教育とは、職員や従業員などに実施される組織的・計画的な教育です。学校では「教員研修」と呼ばれ、教育基本法や公務員特例法[20]によって、教員と任命権者の双方の視点から努力義務や実施義務が課されています。

「現職教育」の効果量はd＝0・62と十分に高い数値ですが、教師の学習を変える傾向（d＝0・90）はあるものの、教師の行動の変化に与える影響（d＝0・60）はやや低くなり、学習者に対する影響（d＝0・37）になると効果が小さくなります。[21]

〈注⑱〉前掲書⑰、38〜41頁
〈注⑲〉中央教育審議会答申「教職生活の全体を通じた教員の資質能力の総合的な向上方策について」平成24年8月28日
〈注⑳〉
教育基本法9条　法律に定める学校の教員は、自己の崇高な使命を深く自覚し、絶えず研究と修養に励み、その職責の遂行に努めなければならない。
教育公務員特例法第21条　教育公務員は、その職責を遂行するために、絶えず研究と修養に努めなければならない。
2　教育公務員の任命権者は、教育公務員の研修について、それに要する施設、研修を奨励するための方途その他研修に関する計画を樹立し、その実施に努めなければならない。
同法第22条　教育公務員には、研修を受ける機会が与えられなければならない。
〈注㉑〉前掲書①、141〜143頁

ハッティは、現職教育が効果をあげるためには、およそ次の点が必要だとしています。

- 教師は学び続けなければならないこと
- 教師自身が知識や技能を学ぶようにすること
- 授業について教師同士が話し合うこと
- 学校管理職が専門家の助言や援助が得られるような支援をすること[22] 等

これらは、いずれも日本ではおおむね実現されていることです。

各学校では、「授業研究」を中心とした校内研究が行われています。ある学年の先生が指導案を考え、授業を行い、それを教職員全員で参観します。授業参観のすぐ後に「授業研究会」を開き、子供の具体的な事実をもとに、意見を交換しながら授業の構成や指導方法、学習評価などについて話し合います。

このような学校全体における教職員の学び合いは、海外には例がなく、今回の改訂の答申でもその成果が強調されています。

とりわけ、各学校における教員の学び合いを基調とする「授業研究」は、我が国において独自に発展した教員研修の仕組みであるが、近年「レッスン・スタディ」として国際的な広がりを見せている。[23]

また、国立教育政策研究所の千々布は、その当たり前さを指摘しています。

> 各学校で**授業研究を実施するのは当然**という文化が形成されており、教師の研修は、教育センターにおける研修受講と授業研究を核とした校内研修により実施されることが、**なんの疑いもなく**ほとんどの教師に当然のことと受け入れられている。[24]

教員研修センター等で行われる公的な研修や校内研修以外にも、各教科等の教育団体に多くの教師が参加しています。都道府県大会、地方ブロック大会、全国大会などの研究大会のメインは「公開授業」と「授業研究会」です。

一人の教師から見れば、自分の学校で授業研究に参加し、ときには都道府県大会や全国大会にまで出かけて、そこで得た「何か」を自分の明日の授業に結びつける実践が普、

〈注㉒〉前掲書①、１４２頁
〈注㉓〉中央教育審議会「幼稚園、小学校、中学校、高等学校及び特別支援学校の学習指導要領等の改善及び必要な方策等について（答申）」平成28年12月21日、65頁
〈注㉔〉千々布敏弥著『日本の教師再生戦略―全国の教師１００万人を勇気づける』教育出版、２００５年、４頁

通に行われているのです。その姿こそが日本の教育的な財産でしょう。

ただ近年校内研修に関しては、職場環境や研修制度の変化などにより共同性が薄れて上意下達になりつつあるという指摘もあります[25]。

前述の教員の資質能力の向上に関する中央教育審議会答申では、教育委員会と学校及び大学の連携・協働による質の向上が語られています[26]。今回の学習指導要領改訂においても、「チーム学校の視点からの校内研修」「教科等の枠を越えた校内の研修体制の充実」などが述べられています。今後いっそうチームで教科横断的な実践を考えたり、外部講師などを活用したりしながら現職教育を充実することが求められるでしょう。

この「現職教育」の効果量d＝0・62は、日本の教師が教員研修を通して学び続けていることや、「授業研究」を繰り返しながら授業改善を図っていることを大いに後押ししてくれる数値だと思います。

しかし、中室は、ミシガン大学のジェイコブ教授らの研究をもとに「最近の研究に限ってみれば、教員研修が教育の質に与える因果効果はないという結論が優勢だ」と指摘しています[27]。教員研修が行われた学校と行われていない学校を「回帰不連続デザイン」と呼ばれる手法で調査したところ、想定される伸びは示されなかったというのです。

確かに教員研修の成果は、そのときの講師、授業、内容、さらに自分が主体的に参加したかどうかなどによって、効果は大きく左右されます。私も初任のときに研修センターで聞いた講演が今も忘れられない反面、何の記憶にも残っていない研修会が山ほどあります。むしろ若いころは、日々の学校業務から解放される気分転換のほうが重要だったような気もします。

これからは、現職教育を実施しただけで満足するのではなく、全国の多様な場で行われている教員研修の内容や目的、参加形態等を整理し、教師の主体性や意識、技術の変化、子供の学習に対する効果など研修の成果を測定し、明確なエビデンスを提示することが求められるでしょう。

教育において教師は重要な存在です。統計を通して見る限り、教師が学習に違いを生み出す要因であることは間違いありません。でも、教師が重要な存在である本当の答えは、今、目の前にいる子供たちのまなざしのなかにあります。

子供たちは先生が大好きです。大好きだというまなざしで見つめられていることを教壇に立つすべての先生は知っています。それは、日本の教師が子供たち一人ひとりの可能性を信じ、常によりよい授業を目指して努力しているからだと思います。

〈注㉕〉杉原真晃「新人教員の苦悩に対して教員養成には何ができるか」グループディダクティカ編『教師になること、教師であり続けること―困難の中の希望』勁草書房、2012年、71～76頁
〈注㉖〉前掲書⑲
〈注㉗〉前掲書⑧、172、173頁

第5章
授業三つの忍術
[その①] 設計の術

資料1　授業づくり三つの側面

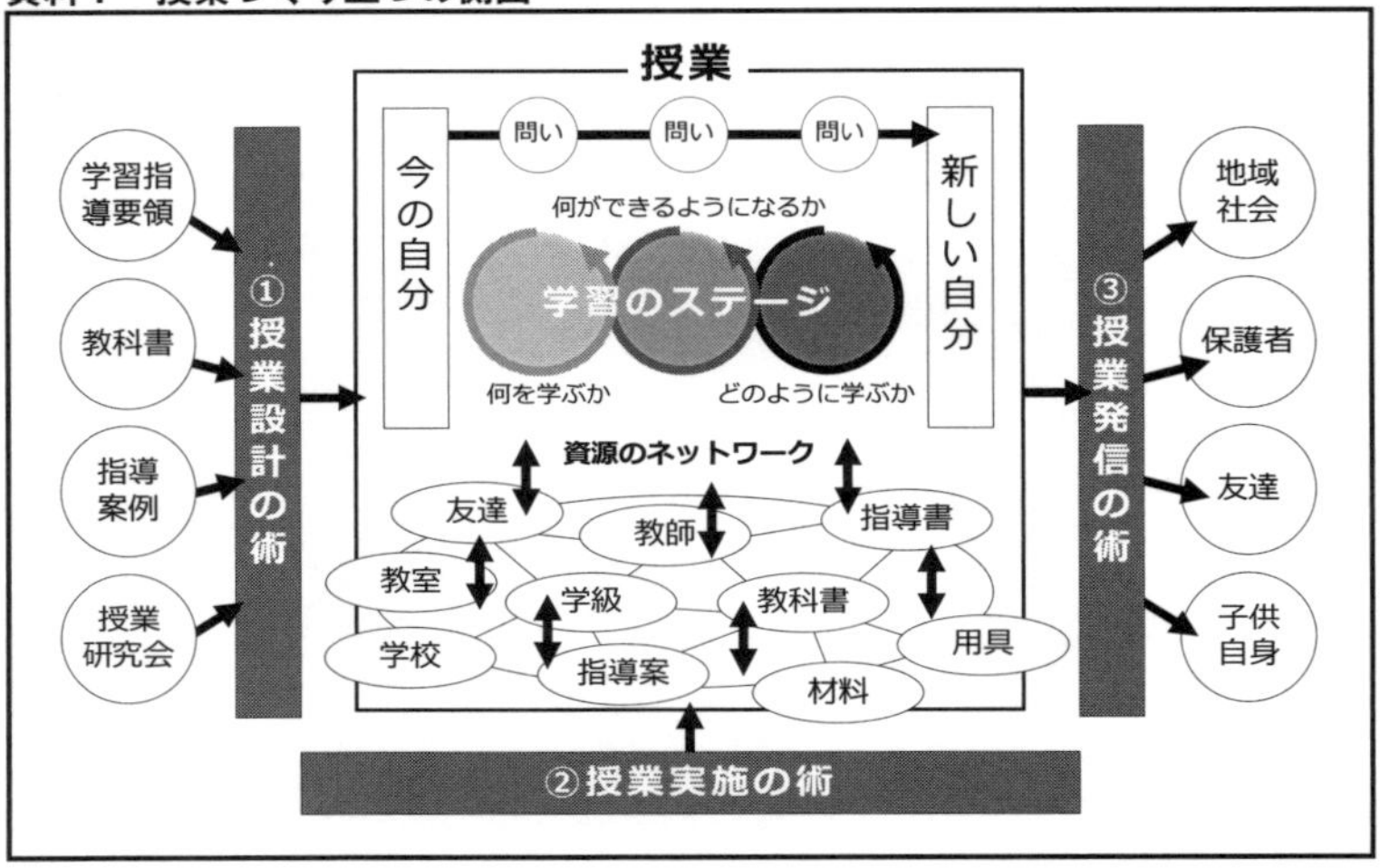

教師の仕事は複雑で多岐にわたります。

日々の業務は多忙で休みなく、ときには何に注力してよいのか見失ってしまうこともあるでしょう。そうした実情にあっても、教師の頭から離れないお仕事があります。それは、いうまでもなく授業です。このことだけは今も昔も変わりません。

そこで、第5章～第7章にかけて、次の三つの側面（**資料1**）から、授業に求められる能力を検討します。

- 授業設計の術
- 授業実施の術
- 授業発信の術

まずは、「授業設計の術」から見ていくことにしましょう。

授業が目的としていることを一言で言えば、子供が「今の自分」から「新しい自分」になることです。そのためには、子供一人ひとりが能力を発揮できる場を設計すること（授業設計の術）が欠かせません。すなわち、子供が活躍する場こそが授業だという言い方もできます。

「授業設計の術」とは、授業の構造や資源の配置、時間の配分など学習を組織化する能力です。教師は、学習指導要領の解説書や教科書、指導書などをもとに、子供の学びを想像しながら、子供と教材、友達、教師など、様々な資源のネットワークとのかかわりを検討し、複数のステージで授業を構成します。

本書1冊で授業設計のすべてを取り上げることはできませんが、学習指導要領改訂のポイントに沿って、授業設計のチェックポイントと、「問い」のデザインの2点について考えていきます。

どの場面、どの段階でもチェックしたい！
―「何ができるようになるのか」「何を学ぶか」「どのように学ぶか」

新学習指導要領では、「何を知っているか」にとどまるのではなく、知っていることを活用して「何ができるようになるか」まで発展させることが求められています。

中央教育審議会答申は、学習指導要領の改善の方向性を次のように述べています。

それを実現するためには、まず学習する子供の視点に立ち、教育課程全体や各教科等の学びを通じて「何ができるようになるのか」という観点から、育成を目指す資質・能力を整理する必要がある。その上で、整理された資質・能力を育成するために「何を学ぶか」という、必要な指導内容等を検討し、その内容を「どのように学ぶか」という、子供たちの具体的な学びの姿を考えながら構成していく必要がある。[①]

この指摘を授業設計に置き換えれば、「何ができるようになるのか」とは、子供一人ひとりが到達すべき「目標」、すなわち子供たちにどのような能力が身につくのかを明確にすることです。

「何を学ぶか」とは、教材や題材などの「学習内容」です。物語文か、新聞紙遊びかなど目標の実現に適切な内容を選ぶことです。

「どのように学ぶか」とは、指導方法や学習活動です。ディスカッションなのか、資料をもとにした調査なのか、目標を達成できる方法を設定する必要があります。

また、授業はいくつかのステージで構成されます。ステージとは導入→展開→終末の流れ、あるいは連続する小単元など学習が変化する「場」です。同時に、それは子供の

資料２　授業のステージ

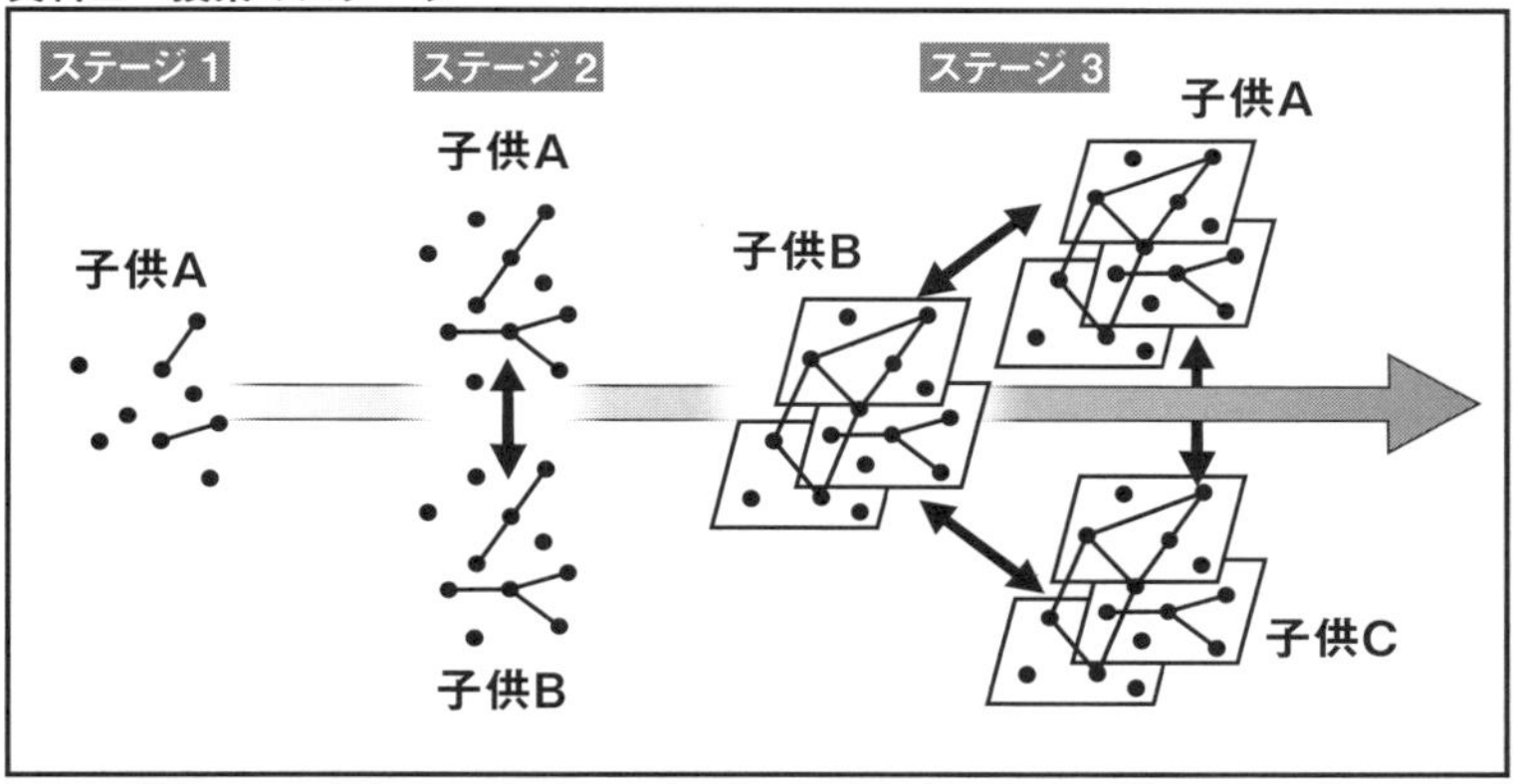

学力が大きく変容する「場」でもあります。たとえば、**資料２**のように、子供たち一人ひとりが、他者とかかわり合いながら、自分の学力を事実的な知識から、概念的な理解へと伸ばせるように設計することがポイントです。

ステージごとに「何ができるようになるか」「何を学ぶか」「どのように学ぶか」を想定し、友達、教科書、資料など、様々な資源との相互行為を通して（第６章で詳述）、子供自身の学力が確実に変容することが求められます。

さらに本時レベルや個々の場面であっても、「何ができるようになるか」「何を学ぶか」「どのように学ぶか」という視点は重要です。子供は、どんな細かな場面であっても、常に成長し続けている

〈注①〉中央教育審議会「幼稚園、小学校、中学校、高等学校及び特別支援学校の学習指導要領等の改善及び必要な方策等について（答申）」平成28年12月21日、21頁

資料3　授業設計チェックリスト

☑ 子供たちが保有している知識は何か
☑ 教材から子供たちはどのような知識を取り出すのか
☑ 取り出した知識を組み立てて、どのような概念を獲得するのか
☑ 学習活動で子供が駆使する技能は何か
☑ 話し合いをどのタイミングで、どのような形式で行ったら思考や判断は深まるのか
☑ 振り返りによってメタ認知能力は高まっているか

からです。

授業全体、学習のステージ、本時など、どの場面においても子供たち一人ひとりを視点に「何ができるようになるか」「何を学ぶか」「どのように学ぶか」を明確にすることが大切でしょう。

たとえば、チェックリスト（資料3）を活用して学力について確認する方法があります。

「深い学び」とは「深い問い」

新しい学習指導要領の主要キーワードのひとつですから、「主体的・対話的で深い学び」という言葉は研修会や資料を通じて何度も見聞きしているかと思います。しかしながら、それはいったいどのようなものなのかと問われれば、その具体の姿は「なんだか分かったような、分からないような…」正直、そんなところでしょう。

ただ、「手を挙げた回数や前向きな姿勢」「対話が数多く取り入れられた学習」「むずかしいことを学んだ授業」でないことは何となく分かります。

「主体的な学び」は、学習に対する興味・関心でもあるし、目標に向かって粘り強く取り組む「グリット」のような非認知能力かもしれません。

「対話的な学び」は、対話やディスカッションなど授業の一手段であると同時に、「先哲の考え方を手がかりに考える」[②]という本質的な学びの姿でもあります。

「深い学び」については、表面的な学習に対する「深まり」の意味ですが、各教科等の「見方・考え方」を働かせる学びが主眼となるでしょう。

このように**「主体的な学び」「対話的な学び」「深い学び」は、様々な側面で語ることが可能で、かつ階層も異なる**のです。混乱するのは致し方ないでしょう。

そこで、本書では、「いっそ『主体的・対話的で深い学び』を言葉の意味からとらえるのはやめてみよう」と提案したいと思います。

「主体的とは?」、あるいは「深いとは何ぞや」と文言についていくら考えていても、それが授業設計の答えを出してくれるわけではありません。**学習指導要領の理解は、文**

〈注②〉中央教育審議会答申「主体的・対話的で深い学びの実現（『アクティブ・ラーニング』の視点からの授業改善）について（イメージ）（案）」平成28年6月

言からではなく、授業の具体や実現状況から考えるのがコツです。授業を構成する要素（発問、発表、教材など）から、「主体的・対話的で深い学び」を確かめるほうが生産的だし賢明だと思うのです。

そこで、授業設計に欠かせない「問い」を（一例として）取り上げ、「深い学び」とどのような関係にあるかを検討します。

学力や学習評価を研究する西岡は、知識やスキルなどを総合的に使いこなす学習活動が思うようにいかないのは、思考や判断を促すような「問い」がきちんと設計されていないからだと指摘しています。[3]その悪い結果の最たるものが「情報が羅列されているだけの歴史新聞」「科学的知識の活用や修正がなされないおもちゃづくり」などです。[4]

確かに、（情報を書き写しただけの）歴史新聞からは、知識の活用や思考の痕跡は伝わってきません。理科の「風で動くおもちゃ」にしても、子供が夢中になって工夫していたのは、実はおもちゃの形や色だけ…肝心の「風で動く仕組み」には目が向いていない…。どちらの例も「子供がどこに到達したのか」「どのような学力を身につけたのか」が伝わってこないのです。

西岡は、求められている結果（目標）やその証拠（評価方法）など、学習成果からさかのぼって授業設計する「逆向き設計」[5]を紹介し、論争的で探究を触発するような「本質的な問い」の設定の重要性を強調します。

資料4　「本質的な問い」と「本質的ではない問い」の例

「本質的な問い」の例	「本質的ではない問い」の例
1　どのように話せばいいのか？	1　アイ・コンタクトとは何か？
2　その国の特徴は、どのように捉えられるのか？	2　中国の人口は何人か？
3　自然や社会の中にある、伴って変わる2つの数量の関係は、どのように捉えられるのか？	3　品物の値段と消費税の関係は、比例か？
4　星は天球上をどのように動くのだろうか？	4　今日の日の出の時刻は何時か？
5　この音楽のイメージは、どのように捉えられるのか？	5　この曲の名前は何か？

西岡加名恵『教科と総合学習のカリキュラム設計—パフォーマンス評価をどう活かすか』図書文化社、2016年、55頁より引用

資料4の表は、「本質的な問い」と「本質的ではない問い」の対比です。[⑥]

表の右側「本質的ではない問い」は、一問一答で答えられます。子供が保有する「事実的な知識」が問われる「問い」です。

●この作品の作者は誰ですか？
●透視図はどのように描けばよいですか？
●鎌倉幕府の成立は何年ですか？

表の左側の「本質的な問い」は、「～とは何

〈注③〉西岡加名恵著『教科と総合学習のカリキュラム設計―パフォーマンス評価をどう活かすか』図書文化社、２０１６年
〈注④〉前掲書③、90頁
〈注⑤〉G・ウィギンズ、j・マクタイ著／西岡加名恵訳『理解をもたらすカリキュラム設計―「逆向き設計」の理論と方法』日本標準、２０１２年
〈注⑥〉前掲書③、55頁

か?」などの概念理解や「~するには、どうすればよいか?」などの方法論に関するもので、単元の中核に位置する「問い」です。「概念的な理解」に相当するでしょう。

●平安時代から鎌倉時代への変化はどのようにとらえられるのか?
●明治維新はなぜ起こったのか?
●国宝とはどのような概念か?
●この美術作品が後世に与えた影響は何か?

さらに、単元を超えた包括的な「本質的な問い」もあります。様々な文脈で活用できて、その後の生き方に役立つ「問い」です。教科の「見方・考え方」を働かせ、教科や学問の本質にかかわる思考・判断に相当するでしょう。

●社会はどのような要因で変わっていくか?
●私たちはどうすればよりよい社会を形成することができるのか?
●貧困地域の学力向上のために、あなただったらどのような資源を用意し、何を実践するか?
●豊かな生き方のために私たちは芸術作品にどのように向き合えばよいのか?

資料5　「問い」の階層

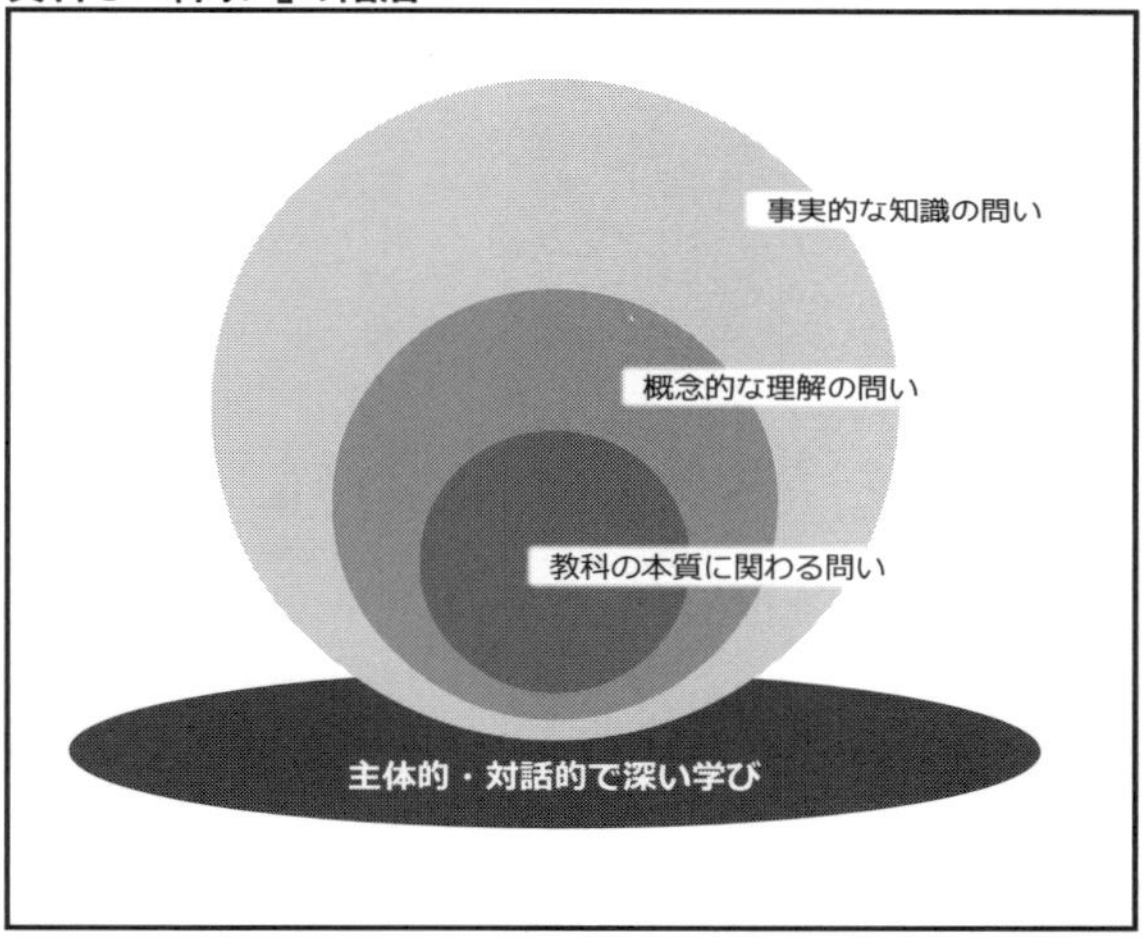

「事実的な知識」「概念的な理解」「教科の本質」などの「問い」の階層と「主体的・対話的で深い学び」の関係を図に示すと、**資料5**のような構造になると思います。

ウィギンズとマクタイは、単元にかかわる問いは「単元の終わりまでには解決されることが予定されている」が、より一般的で本質的な問いは「転移可能な理解」や「重大な観念」にかかわると述べています。[7]

たとえば、「私たちは、ベトナム戦争からどんな教訓を学ぶべきか」であれば、単元を通じて答えに辿り着けます。しかし、「外国の地域的な摩擦に米国軍がかかわったことから、私たちはどのような教訓を学び、また学んでいないのか」であれば、単元だけでなく教科や科目も超える包括的な問いとなるのです。[8]さらに、このような「問い」は

〈注⑦〉前掲書⑤、137頁
〈注⑧〉前掲書⑤、137頁

必ずしも答えが出るとは限らず、一人ひとりに「問い」のまま残り続けることもあるでしょう。それは各教科等の「見方・考え方」を働かせる姿でもあると思います。また、西岡は、授業設計において、今、目の前にいる学習者に、ここまでは理解してほしいという「永続的な理解」を明確にすべきだと述べています。

例えば、「社会はどのような要因で変わっていくのか?」という問いに対して、素朴な理解であれば「英雄が活躍することによって社会は変わる」という内容かもしれない。しかし、より洗練された理解であれば、「社会は様々な政治的・経済的・文化的要因が複雑に影響し合って変化する」ことを踏まえた内容になるだろう。[9]

「本質的な問い」を設定することによって、子供たちが「素朴な理解」から、教科の本質にかかわる「洗練された理解」に到達したとすれば、それは「深い学び」が生まれた姿だといえるでしょう。

「問い」が発展する「深い」実践

具体例を紹介します。滋賀県立膳所高等学校の美術教諭　山崎仁嗣が実践したアール・

ブリュットの学習です。

アール・ブリュットとは、伝統的な美術教育を受けていない人が既成の芸術や文化潮流にとらわれずに表現した絵画や造形、つまり生（brut）の芸術（art）のことです[10]。

言葉自体には「障害」というニュアンスは含まれていませんが、日本では障害者施設等で生まれた表現がアール・ブリュットとして取り上げられることが多く、アウトサイダー・アート、エイブル・アートなど微妙に異なる概念が混在しています[11]**（資料6）**。

山崎は「アール・ブリュットやそこにかかわる人の姿などから、美術や福祉、文化芸術への見方

資料6

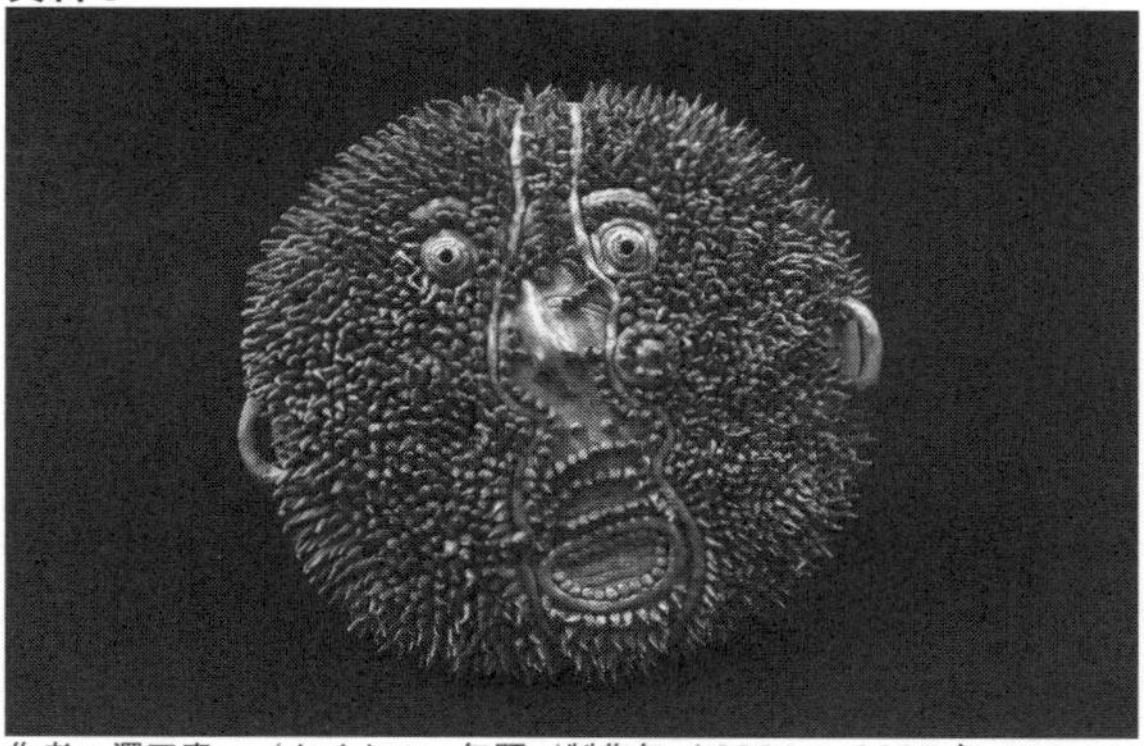

作者：澤田真一／タイトル：無題／制作年／2006〜2007年

〈注⑨〉前掲書③、94、95頁
〈注⑩〉フランスの画家ジャン・デュビュッフェ（Jean Dubuffet 1901-1985）によって考案された言葉。
〈注⑪〉日本の作品は国際的に有名で、海外の美術館で展示されたり、国内価格の何十倍もの価格で取引されたりしている。
２０１６年に開館したロシアのエルミタージュ美術館別館「エルミタージュ・アムステルダム」の一角にある「アウトサイダー・アート・ミュージアム（ＯＡＭ）」の初年度展示の目玉の一つは、日本のアールブリュットだった。

資料7　「問い」を発展させる活動

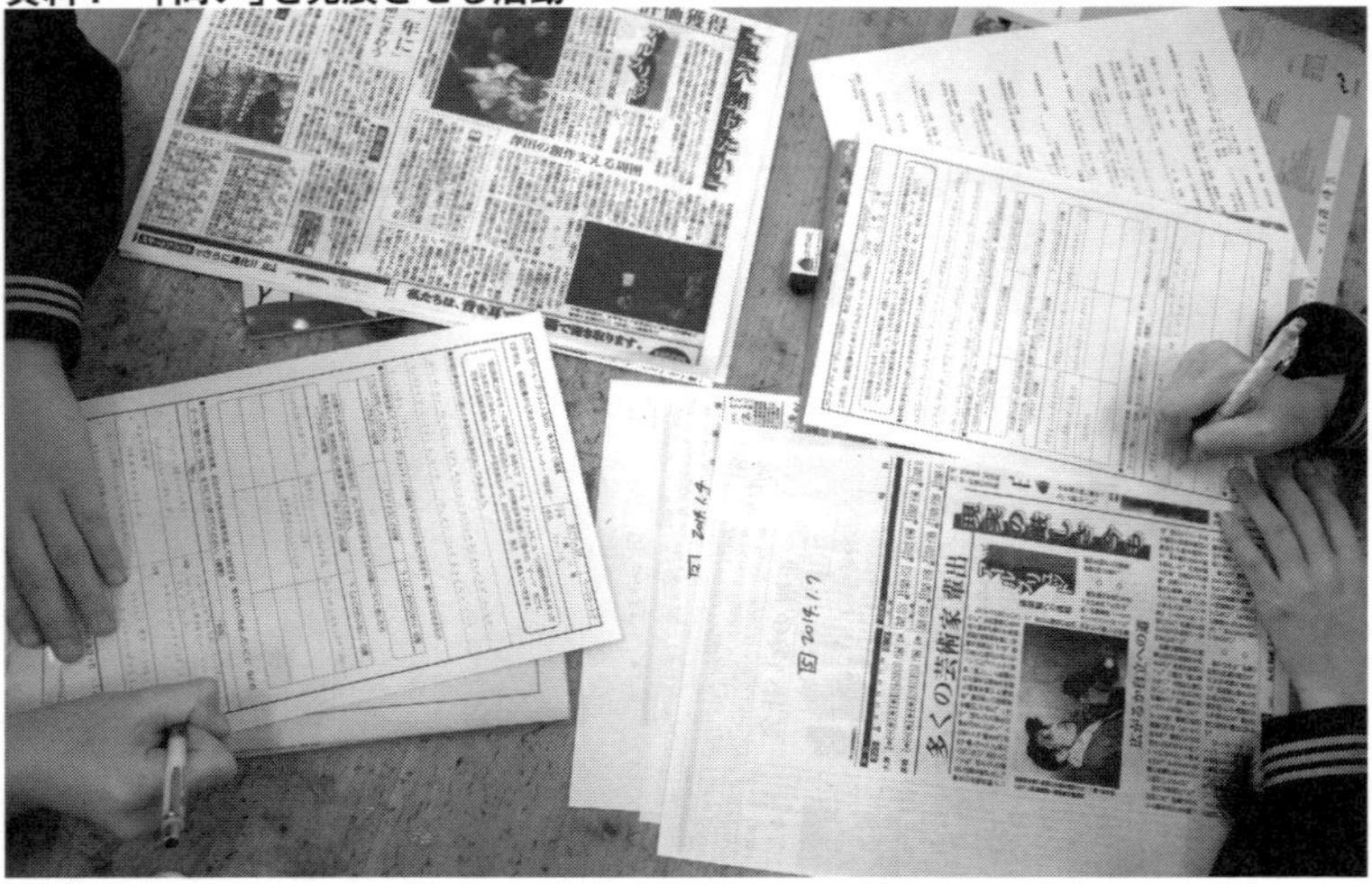

が深まり、それを通して社会や人としての在り方を考え、さらには今までの自分の認識や思考の仕方を省みることを試みたい」と考え、生徒が自ら調べ、様々な作品や文献、人々に出会う学習を組織しました。

まず生徒たちは、新聞記事や論文等の資料から、自分なりの「問い」を設定することから学習をはじめます。その後、講師の先生と話をしたり、実際の作品や制作活動を鑑賞したりします。さらに、生徒同士で討論したり、作品を製作したり、自分が受けてきた美術教育と比較したりしながら、自分の「問い」を発展させていきます（**資料7**）。

当初、生徒が抱いた「問い」は、「アール・ブリュットとは何だろう」という「事実的な問い」でした。やがてその問いは「アール・ブリュットは、果たして障害のある人の作品なのか」という「概念的な問い」へと変化していきます。

最終的に、自分の考えを振り返ったり、これからの社会の在り方について考えたりしながらまとめられた生徒の小論文には、次のような指摘が並んでいました。

●アール・ブリュットという枠組みは本当に必要なのか。

●アール・ブリュットという枠を持ち出して、障害者の作品を他から切り離すことに意味はあるのだろうか。

●社会の闇を照らすのがアートであるはずなのに、アートが障害者を覆うために使われているのではないか。

●障害者と健常者の間にある見えない溝を埋めるためだったはずのアールブリュットが、逆効果を生んでいるのではないか[12]。

生徒たちは、アール・ブリュットという概念がこれからの社会に必要なのか、新たな差別をつくりだすのではないのかなど、その正当性や妥当性そのものを問い直していま

〈注⑫〉滋賀県立膳所高等学校、2017年度美術Ⅱ「アール・ブリュットを知り、考える」小論文集より

資料8　生徒たちの「問い」の発展

●事実的な知識の問い

「アール・ブリュットとは何を意味しているか」

●概念的な理解の問い

「アール・ブリュットは障害のある人の作品か」

●教科の本質にかかわる問い

「アール・ブリュットという枠組みは私たちにとって必要か」

す。教科や領域を超えた本質的な「問い」に辿り着いたのだろうと思います（資料8）。

有元・岡部は、**「現実」は、あらかじめ存在するというよりも、私たちが身につけた見方や考え方、工夫など様々なモノやコトのデザインによって構成されていると**指摘しています。

人間になまの現実はなく、すべて自分たちでつくったと考えれば、すべての人間の行為は人工物とセットになった「〈行為〉」だといえるだろう。

人間は環境を徹底的にデザインし続け、これからもし続けるだろう。動物にとっての環境とは決定的に異なる「〈環境〉」を生きている。[13]

膳所高校の生徒たちが到達した「問い」は、アール・ブリュットという概念や枠組みが、現時点では必要であったとしても、今後自分たちが生きていく上で、果たして必要かという社会に対する問いかけでしょう。

この見方や考え方は、彼らが社会に出たとき、様々な場面で応用できるだけでなく、彼ら自身が現実をデザインし直すことにもつながりそうです。**決して答えの出ない「問い」、だからこそ創造的で「本質的な問い」であり、同時に「問い」をもつことそれ自体が一つのゴール**だと言えます。

山崎は、次のように述べています。

> 生徒は、美術や福祉、文化芸術への見方を深め、社会や人としての在り方を考え、さらには今までの自分の認識や思考の仕方を省みました。これから生きる上で本当に何が必要で、広く多様な世界を自分の目で見つめ、豊かな社会の在り方、人の生き方を深く考えたと思います。⑭

生徒たちが主体的に「問い」を形成し、友達や作家など様々な人々との対話を通して、事実的で素朴な理解から、概念的な理解へ、さらに学習の本質にかかわる「永続的な理解」

〈注⑬〉有元典文・岡部大介著『デザインド・リアリティ―半径300メートルの文化心理学』北樹出版、2008年、174頁
〈注⑭〉筆者との往復メールによる。

に到達したとすれば、「主体的・対話的で深い学び」を達成したと言えるのではないでしょうか。

小学生ではどうでしょう。

大分県の離島にある姫島小学校では、「地域の色・自分の色」という学習が行われています。地域の石や植物などから顔料や染料をつくって絵の具にして絵を描いたり、作文を書いたりする活動です[15]。

この学習においても、子供たち自らが「問い」をつくりだすことが大切にされていました。私が参観した授業では「どうすればきれいな色が出るのか」「どうして枯葉は色が出ないのか」などの「問い」に加えて、「なぜ（世界に）色はあるのか」という教科の「見方・考え方」にかかわるような哲学的な「問い」も出ていました。**小学校段階では、「問い」が論理的に深まるというよりも、様々なレベルの「問い」が同時に生まれる**性質があります。

授業者は、どの「問い」も大切にして、「問い」を束ねたり、「問い」を後の授業に送ったりしながら学習を進めていました。小学校では、子供自身の「問い」を大切にするとともに、協働的な学習を通して答えを考えたり、対話によって深めたりするなど、「主体的・対話的で深い学び」が単元全体として成立するような工夫が必要だと思います。「何ができるようになるのか」「何を学ぶのか」「どのように学ぶのか」をチェックしながら、「問い」を構造化することによって、一人ひとりが自分と向き合い、他者と対話を繰り返しながら、学習を深めていく授業設計が可能となります。

ただ、授業はその他多くの要素で構築されています。何もかも点検することは不可能です。授業を構築する一つの側面、あるいは一つの具体から「主体的・対話的で深い学び」の実現を見ることが前進につながっていくだろうと思います。

〈注⑮〉「地域の色・自分の色」実行委員会と姫島村立姫島小学校の実践。詳細は奥村高明「学びと美術〈ｖｏｌ．65〉「美術を核にした教育プログラム」日本文教出版ホームページ https://www.nichibun-g.co.jp/column/manabito/art065/

第6章
授業三つの忍術
[その②] 実施の術

「授業実施の術」は、「授業設計」で作成したプランを授業として確実に実施する力であり、そのためには、学習状況を的確に把握して、指導を工夫する能力が必要です。

たとえば、次のような能力です。

●子供の到達度を見極めて⬇適切なタイミングで資料を提示する。

●子供たちの意見の真意をとらえて⬇授業内容を振り返られるように板書する。

●子供の状態に応じて⬇学習活動の転換や課題の変更を行う。

いずれも、指導の前に、子供の学習状況の把握が欠かせません。**学習状況を把握するには、まるで子供に同化するかのように子供の考えや気持ちをとらえる**ことが必要です。この技術は、教師が教育現場の授業実践を通じて磨かれる能力であるためか、当たり前だとみなされることが多く、指導案や授業計画に書かれることはまずありません。そのために、「できる先生はできる、うまくできない先生はできないまま」となりがちで、そのような問題状況を覆い隠すリスクがあります。

そこで本章では、特に次の2点について検討します。

●子供が何を感じ、考えているかをとらえる術

●子供と対話する術

子供が分かるから、授業ができる

第5章で検討した「授業設計の術」は、教師にとって必要な能力ですが、教師だけの術ではありません。教育方法の研究者、教育工学の専門家、地域人材など、様々な人々が多くの優れた教材や題材、学習プログラムなどを開発しています。

なかには、学校にゆかりのある運動選手や文学者などが授業を設計することもあります。以前、NHKのアナウンサーに、出身小学校で、いわゆる「先輩授業」を実践してもらったことがありますが、テレビ番組の構成を応用した授業計画は見事でした[①]。

ただ、仮に完璧な授業計画ができたとしても、授業がうまくいくわけではありません。教師ではない人が授業を行おうとすると、往々にして実施の段階でつまずきます。その原因は、「子供が感じ考えていることをとらえる術」「子供と対話する術」が身についていないことにあります。

たとえば、子供と上手に話せなかったり、発表に対する返しが不適切だったりするた

〈注①〉奥村高明、日高和広「地域の方々とつくる学習ときめきタイム」宮崎大学教育文化学部附属小学校研究紀要『自らのよさを豊かに伸ばす子どもの姿を求めて「子どもが総合的に力を発揮する学習」を通して』1999年、34〜36頁

めに、一人ひとりの意見を引き出し、それを束ねるようなまとめができません。結果として大人の意見や考えを押しつけてしまいます。

そのまま進めば、授業は確実に崩壊します。でも、実際にそうならないのは、学級担任のおかげです。ゲスト・ティーチャーの傍に立ち、要所で適切な支援を行い、子供とのやりとりや授業の方向性を背後からコントロールしているからです。

教師は、毎日、毎時間、全身の感覚を鋭敏にして子供たちをとらえながら、授業を滞りなく進行させています。子供を継続的に観察し、その情報を身体に蓄積し、そのときどきの子供の表情や動きなどから、意欲や学力などを適切に把握します。それがそのままタイミングのよい資料の提示や、板書のまとめなどにつながります。

私が、小学校高学年を担任していたときのことです。

発泡セメントをドライバーや彫刻刀などで削っていく彫刻の授業でした。AくんとBくん、二人の子供が、金槌で直接、発泡セメントを叩いていました。発泡セメントはどんどん割れ、砕かれていきます。

その様子を見ていて、私はAくんにこう言いました。

「他の方法を考えてみたら?」

それに対して、Bくんにはこう言いました。

「もう少し続けてごらん」

全く同じ行為をしている二人に対して、私は正反対の指示を出したのです。根拠は、二人の学びの経歴や日常の様子の相違にあります。

Ａくんは、実験的な精神が旺盛で、人が思いつかないような発想や展開のできる子供でした。しかし、作品をまとめきれず、放置してしまうことも多く、最近はそれを繰り返していました。このときも、Ａくんの学習がまとまる方向に進むとは思えませんでした。

一方、Ｂくんは、大人しく周囲の様子を見ながら追随的に学習する子供でした。冒険することは苦手ですが、じっくりと考えて作品をつくりあげることができます。

資料1　針金人の石器時代

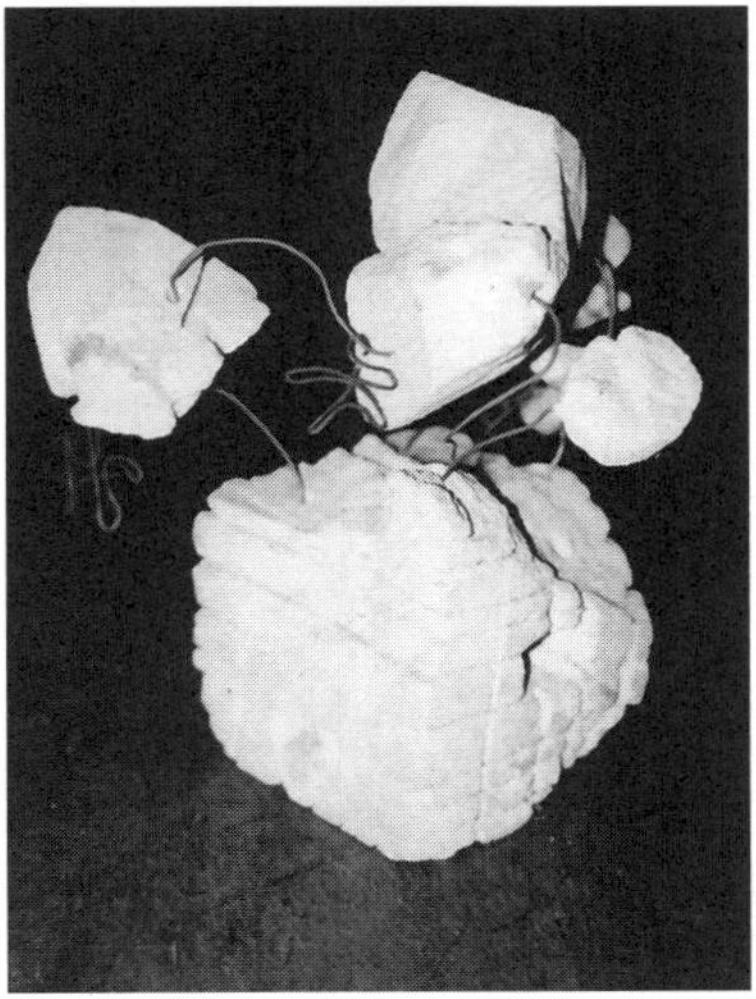

彼にとって「砕く」という行為は、かなり大胆でリスクを伴います。しかし、新しい発想が生まれそうな期待がありました。

結果的に、Ｂくんはセメントのかけらを針金でつなぎ、石が何個も宙に浮いている「針金人の石器時代」（**資料1**）を作成しました。それは、これまでの彼には見られない発想で、他の作品に比べても独創的でした。

教師である当時の私の判断と指導が正しかったかどうかは分かりません。ただ、教師は、常に子供の状態を読み取り、それをもとにその場面で最善と思われる手を打つ職業なのです。

授業は、授業設計だけで行えるものではなく、子供をとらえ、それを指導に反映できる教育技術を身につけた教師によって、はじめて成り立つ実践です。子供の姿を根拠に指導を改善する能力は、教師同士が職場で指導法について語り合う文化や授業研究などによって培われてきました。

資料2　主事ペン

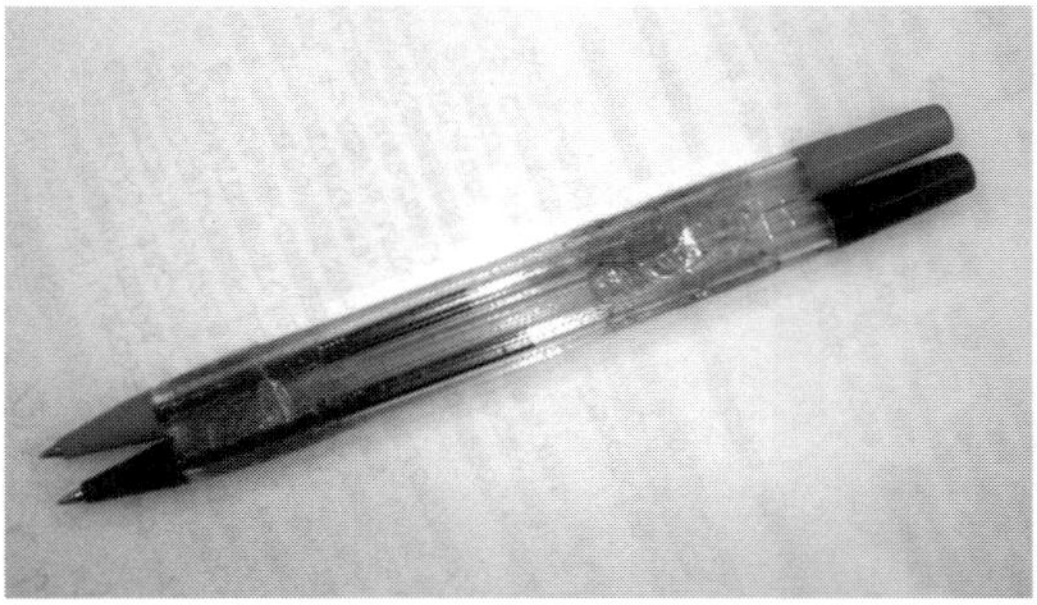

　資料2は赤と青の2本のボールペンをテープでくっつけた写真です。ずいぶん使い込まれたようで、テープは黄ばんでいます。1本で赤と黒を入れ替えられるペンが販売されているのに、なぜわざわざこのようなペンをつくる必要があったのでしょうか。そもそも誰が…。

　実は、それは教師です。長野県の指導主事や校長、教頭など、授業研究会で授業参観の後に指導講評や指導・助言をする人々です。

　授業参観中、子供の様子や教師の様子を赤と黒で素早く書き分けるためにつくったペンだったのです。このペンであれば、クルッと回すだけで、すぐに色を変えて記述することができます。彼らは、ペンを持ち替えて指先でノックするわずかの時間をも惜しんだのです。

「主事ペン」と呼ばれるこのペンは、２００５年ごろまでは、普通に見られました。近年、デジタルカメラなどが用いられるようになって減ってきましたが、信濃教育会[②]を有する長野県の教師たちが子供の事実を根拠に、指導の改善を導き出していたことを示しています。

その先駆けである長野県師範学校の淀川茂重は、「授業研究」の必要性について以下のように述べています。

> 教育は行きづまっている（中略）。それはどこに打開されて然るべきであるか。児童の教育は、児童にたちかえり児童によって児童のうちに建設されなくてはならない。そとからではない、うちからである。児童のうちから構成されるべきものである。[③]

「授業研究」の根本には、徹底して子供を見つめ、目の前の子供からはじめようとする姿勢が流れているのです。

〈注②〉公益社団法人信濃教育会は長野県の教育職能団体
〈注③〉淀川茂重「研究学級の創設と実情」稲垣忠彦編『日本の教師20　教師の教育研究』ぎょうせい、１９９３年、35頁長野県だけでなく、各都道府県の授業研究会においても授業における子供の姿をもとに指導の改善が行われています。その上に日々の授業が行われています。**授業が「普通に」行われることの背景には、こうした子供をとらえる目を鍛え、それをもとに授業を実施する術が隠れている**のです。

ただ、このような先生方の取組、その背後にある努力や熱意が、教育現場外の人たちから適切に評価されていないような気がして仕方ありません。授業について、様々な識者や保護者などがコメントしますが、授業実施に対するリスペクトを欠いた発言がとても多いことに気づかされます。

「そこまで言うなら、ぜひ授業をしてください。できれば学級担任として1年間受けもってから述べてください」身も蓋もない言い方かもしれませんが、そう言いたくなることが多々あります。

「相互行為分析」の視点

授業実施で、子供の意見をまとめたり、集団をコントロールしたりするためには、刻々と変化する子供たちを正しくとらえ、一人ひとりの子供が何を感じ考えているかを正確にとらえる力が不可欠です。この能力は、けっして特殊なものではなく、普通に人が備えている能力です。

たとえば、人は、普段から相手の考えや心情などを、会話の内容からだけでなく、（知らず知らずのうちに）語尾、間《ま》、視線や口元の動き、首の傾きや姿勢など微細な行為などからつかみとっています。そこではお互いが共有する知識や考え、習慣、規則なども適切に用いられています。

このように、人の保有するメソッドを研究方法として発展させたのが「相互行為分析」です。社会学や人類学、教育学、心理学などで使われており、主にビデオデータから、人々の会話や微細な行為を1秒以下の動きまで詳細に確かめ、当事者の思考や感情、用いられている規則や概念などを分析します。

「相互行為分析」を日本に紹介した西阪の論考をもとに、架空の会話をつくって検討してみましょう④。

Aくん「この間、試験の前日飲み歩いていてさ、単位落としちゃった」

Bくん「そりゃ、しょうがないね～」

Aくん「だよね～⑤」

何気ない会話です。Aくんは、「前日飲み歩いた」ために「試験を失敗した」とBくんにぼやきます。BくんはAくんの発言内容を「正しく」理解し、それに対して「しかたがない」つまり自業自得だと返します。自然な会話で、一見するとそれ以上の意味があるようには思えません。

しかし、この会話が成立するためには、実はいくつかの条件が必要なのです。まず「試験の前日には飲み歩くべきではない」という規則が必要です。「飲み歩く」という言葉を「食べ歩く」に置き変えては、試験を落ちた理由になりません⑥。

次に、「試験は勉強して合格する程度の難易度をもつ」という概念も用いられています。飲み歩いて二日酔い状態でも合格する試験を、試験とは呼ばないのです⑦。

これらの規則や概念を2人が「共有」していることも条件です。飲み歩いて試験に落ちたと話しかけるAくんに、Bくんが「変だね。納得できない」と返しては、会話は成立しません。それでは、Aくんの「だよね～」は生まれないのです。
言葉だけなく、相手の表情、語尾、抑揚や間《ま》、音の高さ、仕草などノンバーバルな情報のやり取りも行われているでしょう。２人が「明るい、気の置けない友人同士」であることが達成されているのは、そうした相互行為の結果であるといえます。そのため、内容的には深刻にもなりうる会話がそうなっていないのです。

人々は、言葉、視線、仕草、概念、規則など、様々な資源を活用し合いながら相互行為を行っています。それによって会話などの相互行為は整然と組み立てられ、あたかも自然に連続し、発展しているように見えるのです。

同時に、そのような**相互行為ができることによって、人は「人」として成立します。**前述の例であれば、「気の置けない友人」が達成されています。もし、会話を続けていた相手が視線をはずし、その視線が腕時計に向かえば、「あ、そろそろ、時間だね」と言える「適切なマナーを踏まえた大人」になれます。

「相互行為分析」とは、このような人々の用いる言葉、視線、仕草、概念、規則など、様々

〈注④〉西阪仰著『相互行為分析という視点─文化と心の社会学的記述』金子書房、１９９７年、１９４、１９５頁
〈注⑤〉西阪仰著『分散する身体─エスノメソドロジー的相互行為分析の展開』勁草書房、２００８年、７、８頁の記述をもとに会話文に変えている。
〈注⑥〉前掲書⑤、１９５頁
〈注⑦〉前掲書⑤、１９４頁

な資源を用いて、人々が何を感じ考えているのか、どのような人として成立しているのかなどを逆引きする手法だといえます。

相互行為分析の先駆者であるジョージ・サーサスは、「相互行為分析」における基本的な仮定を挙げています。それは、ある種の社会的な秩序だった行動や行為は、その場の当事者によって生み出されるものであって、「分析者の概念ではない[8]」ということです。

私たちの会話や行為などは、私たち自身の手で組み立てられています。用いられる話題や材料などの資源は、お互いに分かるように可視化されています。何より私たち自身が会話や行為などを意味ある出来事だと価値づけています。だからこそ、分析者はこれを借りて分析することができるのです。

平成29年に公表された中央教育審議会答申は、「まず学習する子供の視点に立ち」と、「子供の視点」に立って資質や能力をとらえることの必要性を強調しています。このことは、教師が子供に感情を移入することや子供を崇めることを意味しているのではありません。

学習を生み出すのは、教師ではなく、ほかならぬ子供たちです。

子供たちは、自分自身にとって意味があることや必然性のある行為を実行し、自ら秩序を生み出そうとしています。そうであれば、子供たちが用いている資源、行為や文脈を見ることによって、当事者の概念や意図などをとらえることができるはずです。

「相互行為分析」の立場からすれば、「子供の視点」とは、誰もが同じように届くことのできる客観的な視点にほかなりません。子供たちの発言や微細な行為など、**子供たちが用いている様々な資源から逆引きし、子供の考えや気持ち、発揮している能力をとらえることができれば、それは公平な分析になるのです。**

授業における「相互行為分析」

授業研究は「相互行為分析」とよく似ています。

授業研究では、授業における子供の発言や動きなどをもとに、指導の妥当性や改善点などについて協議します。教師の思いや主張よりも、子供の事実こそが指導の改善の根拠だからです。

日本の教師にとっては、とても当たり前で、経験的に行われ、連綿と引き継がれているものです。教育方法学や授業研究学などでも研究されていますが、普遍的な方法論が確立しているわけではありません。

教科特性によっても違いはあります。国語科では発表が中心になるでしょうし、社会科ではワークシートの記述を併用する必要があるでしょう。図画工作科や体育科では、

〈注⑧〉ジョージ・サーサス著／北沢裕、小松栄一訳『会話分析の手法』マルジュ社、1998年、12頁

資料3

活動する子供の動きそのものから分析する必要が出てきます。

私は、1990年代中盤から主に行為や動きが中心となる学習において、教師が「相互行為分析」できるような分析の視点を整理しています。[9] そこで本節では、その中から「視線」「姿勢の変化」「手の動き」「役割」を取り上げ、子供が何を感じ考えているかを検討します。

1 視線[10]

最も簡単で、最も重要な手がかりは「視線」です。子供の視線に着目するだけで、教師側から子供側に立場を転換し、「子供から学習を見ること」を実現します。

子供の視線を用いて「子供から学習を見ること」を対比的に示せば、**資料3**のようになります。

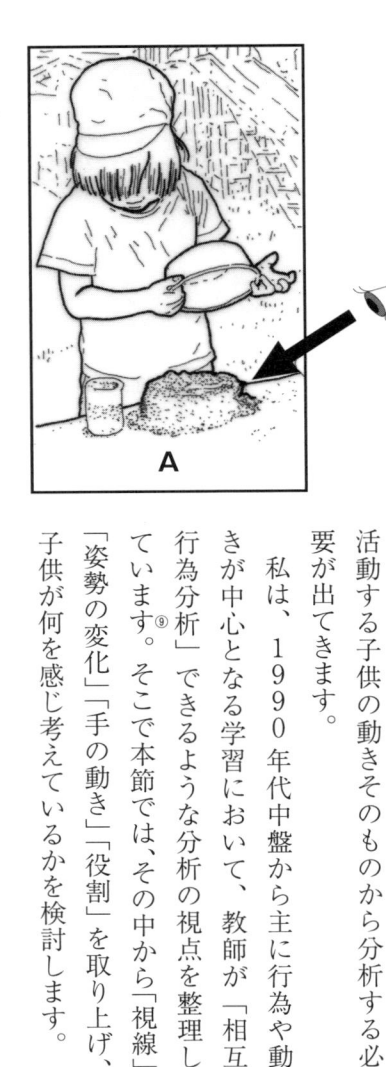

資料3のAでは、教師は子供の作った「作品」を見ています。教師は作品の出来栄えには興味がありますが、子供には興味がありません。

資料3のBでは、教師は子供の「視線」を見ています。教師の興味は「子供が、今、何を考えているのか」にあります。子供の視線は、今作ったばかりの作品の上に止まっています。それによって「今、この子は、自分の作った作品の出来栄えを『確認』している」ことが分かります。子供側から学習を見ているのです。

私が視線に着目するようになったのは、所属する小学校の授業研究テーマが「学び合い」だったことがきっかけです。私は、「学び合い」の具体を調べるために、子供の描いた絵、授業中の観察、教室の上部から撮影したビデオデータをもとに、我流で調べることにしました[11]。

次頁の**資料4**は、子供たちのアイデアの連鎖や関係を矢印でつなぎ、その関係性を表したものです。多くの子供たちが、隣接する友達から、アイデアを入手していることが

〈注⑨〉奥村高明「美術教育における相互行為分析の視座―状況的学習論を基にした相互行為分析による指導法の改善―」学位論文（筑波大学）平成23年1月

〈注⑩〉奥村高明「造形活動における相互行為分析の視座⑵～相互行為分析の手がかりとしての視線」『日本美術教育研究論集43』日本美術教育連合、２０１０年、17～24頁

〈注⑪〉宮崎大学教育学部附属小学校初等教育研究会「一人一人に自己学習力を育む教育課程の創造―2年次―」１９９３年の研究から。学問として「相互行為分析」に出合うのは、その後、１９９７年に大学院にいってからである。

資料4　アイディアの連鎖や関係

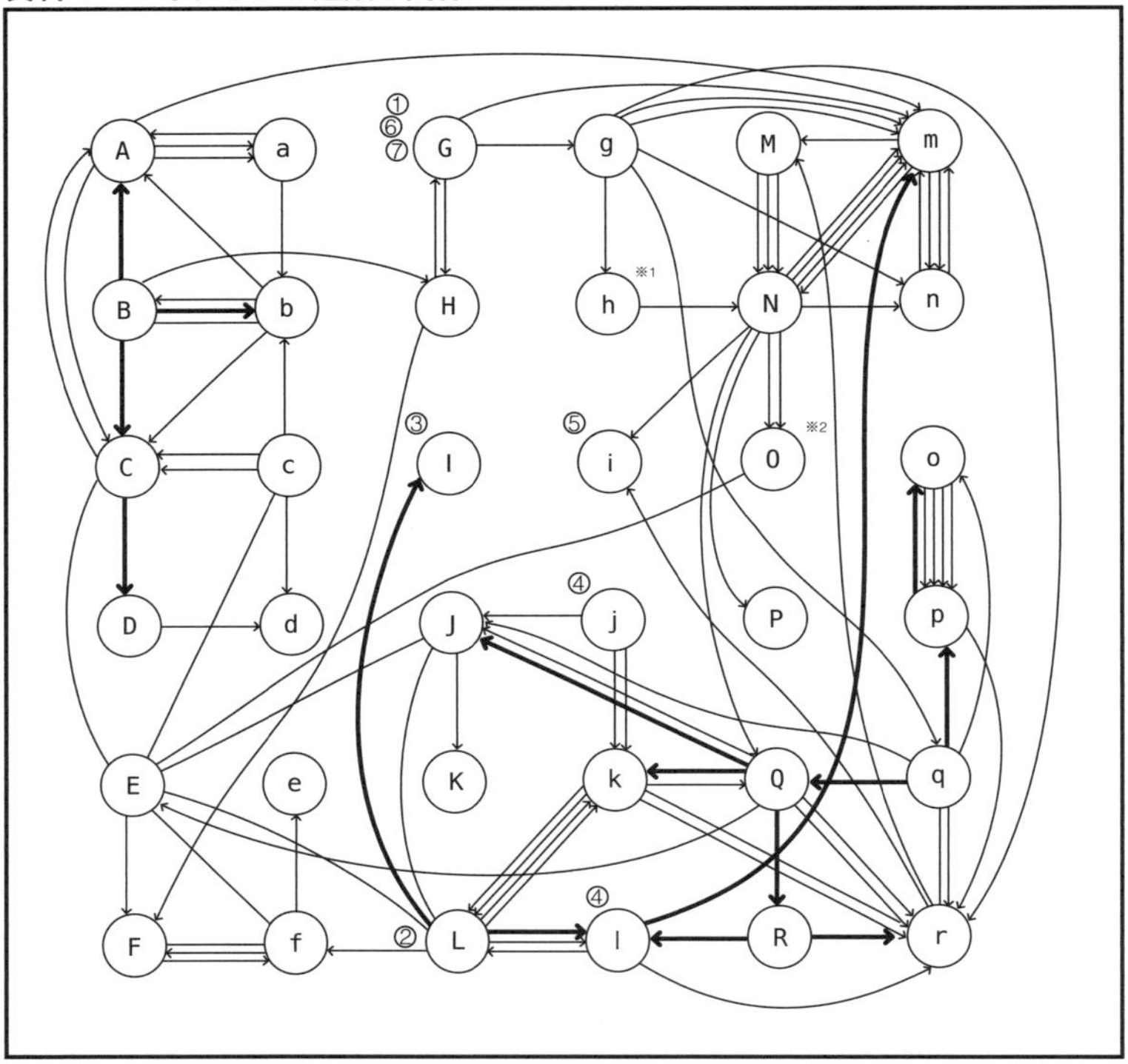

分かります。
　ところが、よく見ると、ずいぶん遠くから情報を仕入れていることがあります（長い太線の箇所）。
　ビデオデータを詳細に分析して分かったことは、子供は〝鉛筆を借りに行く〟〝資料を取りにいく〟などの「席を離れる」行動の最中「チラ見」していることでした。子供はいつでもどこでも学んでいるのです。すなわち、「子供の視線」は、子供が常に広く情報を収集していることを示していたのです（資料5[12]）。

このように、子供の「視線」に着目することによって、指導を改善する方途を導き出すことができます。

たとえば、ある鑑賞の授業の様子から考えてみましょう。

資料5　席を離れて友達の作品をチラ見する子供

同じ作家の作品ばかりが並べられている美術館の部屋で、授業者は2枚の絵の前に立ち、その作品をもとに「対話型鑑賞」

〈注⑫〉奥村高明「協同と個を同時成立させる学びのデザイン」『月刊教育研究 No.1323』2012年、18〜21頁

資料6

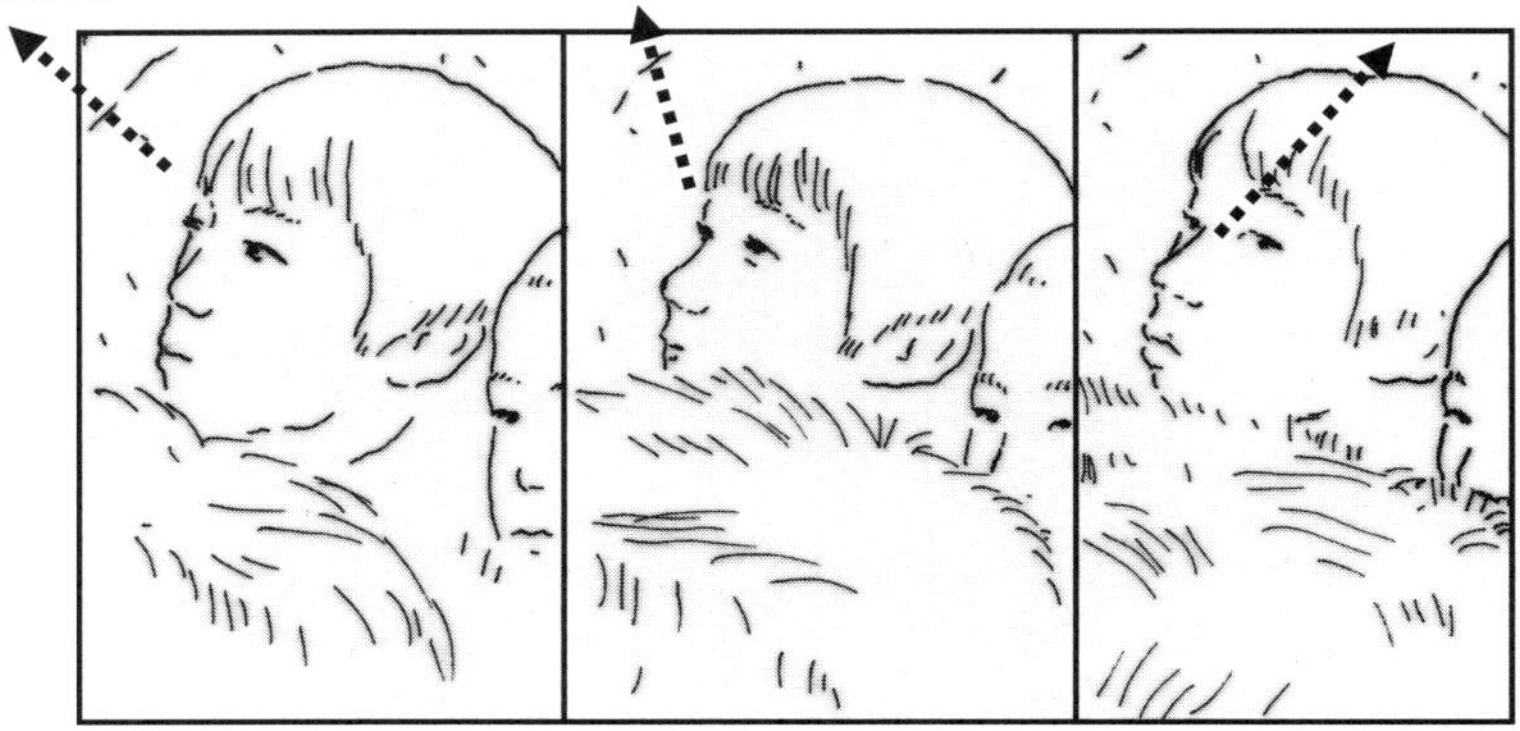

（ディスカッション形式の学習、本書184、185頁参照）をしていました。

子供の視線を追うと、授業者が「作家は何を表そうとしたのか」などの質問をするたびに、目前の作品から右上、真上、左上の3か所に視線が移ります（**資料6**）。視線は流れるように移動するのではなく、それぞれ停止します。つまり、単にキョロキョロしているのではなく、「見つめている」のです。

その視線の先に何があるかというと、「同じ作家の作品」です。周りの子供たちに目を向けると、同じように視線を動かす子供たちが大勢います。

つまり、目前の作品だけで鑑賞していると思っているのは授業者だけで、子供たちは、その部屋にある作品のすべてを学習の資源として用いていたのです[13]。

この視線の動きは、問いに応じて「子供たちが鑑賞の対象を選んだり集めたりできる」ことを示しています。そうであれば、授業者を中心とした一対多の「対話型鑑賞」を行うのではなく、グループを編成し、一定のテーマを与え、子供たちが作品を自ら選びながら考える「探究的な鑑賞[14]」を行ったほうが適切でしょう。

2　姿勢の変化[15]

子供の姿勢は、教師が学習を進行する上で、常に有力な情報です。たとえば、学校の学習では床の上に座る「体育座り」がよく行われます。このとき子供が何度も体を左右に動かしはじめれば、「腰が痛い」あるいは「先生の話が長い」ということを意味しています。足をブラブラさせる、頭を揺らすなども同様です。

この動きに気づかなかったり、気づいても放置したりしていれば、他の子供たちも同じような落ち着きのない状態になるでしょう。頃合いを見て話題や活動を転換する必要があります。**姿勢の変化は、教師が学習場面や指導を転換するための判断材料となる**のです。

〈注⑬〉前掲書⑨
〈注⑭〉平成28—30年科学研究費基盤研究(B)「美術館の所蔵作品を活用した探究的な鑑賞教育プログラムの開発」（研究代表者：一篠彰子／研究分担者：奥村高明、寺島洋子、東良雅人）
〈注⑮〉奥村高明「造形行為の発達　現場からの発信」『美育文化1月号』美育文化協会、２００３年、40～45頁姿勢の変化は、子供たち自身の学習活動の「節目」を明確に表す行為でもあります。たとえば、Aさんは自分が何か一つ画面に材料を置くたびに、体を大きく起こして作品を見ます。自分の作品の具合や画面のバランスなどを確認している行為です（資料7[16]）。

粘土の作品をつくっているBさんもそうです。しばらく作り続けていたかと思うと、突然体を大きく引き、自分の作品をやや遠くから見ます（資料8[17]）。

資料7　作品の具合や画面のバランスを確認①

ここから分かるのは、作品をつくるという学習活動は、絶え間なく続く行為ではなく、「見る」→「つくる」→「つくる」という節目をもった活動だということです。子供たちは、自分が進めている思考や、活動をモニタリングしながら節目を

資料８　作品の具合や画面のバランスを確認②

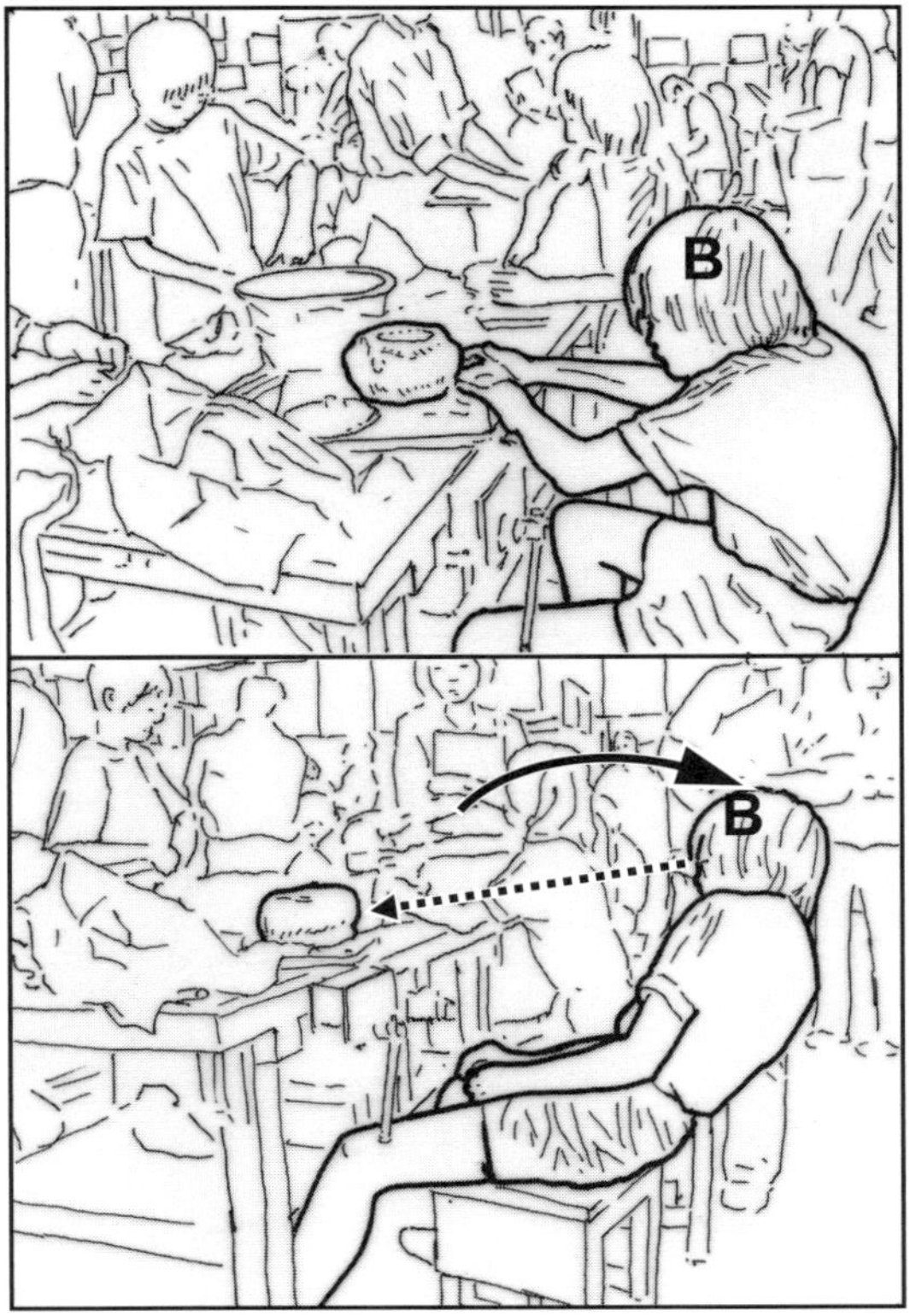

もって活動しており、この累積が全体の学習活動となります。

　姿勢の変化は様々な判断材料になります。たとえば、体を起こしてじっと自分の作品を見つめた後に、活動内容ががらりと変化することがあります。これを知っているベテランの先生は、子供が活発に動いているときよりも、じっとしているほうに着目します。「節目」は子供の活動が変化するサインと受けとることができるのです。

〈注⑯〉奥村高明「子どもの造形行為における相互性―重なり合う造形行為とその道筋―」『大学美術教育学会誌第34号』、大学美術教育学会、２００２年、97～１０４頁、佐々木孝弘（現・宮崎県日向市立平岩小中学校校長）の発見による。
〈注⑰〉前掲書⑨

ほかには、子供たちがワークシートを書いているときに、体を起こして「顔をあげる」のであれば、「書き終わった」というサインです。そのような子供が8割いれば、教師は「次の指示を出そうか」と判断します。顔を上げても、またすぐ書きはじめれば、「子供の集中力」は続いています。次の学習に移るのは尚早だと判断することができます。

資料9　意図に応じて真鍮線を打ち分ける

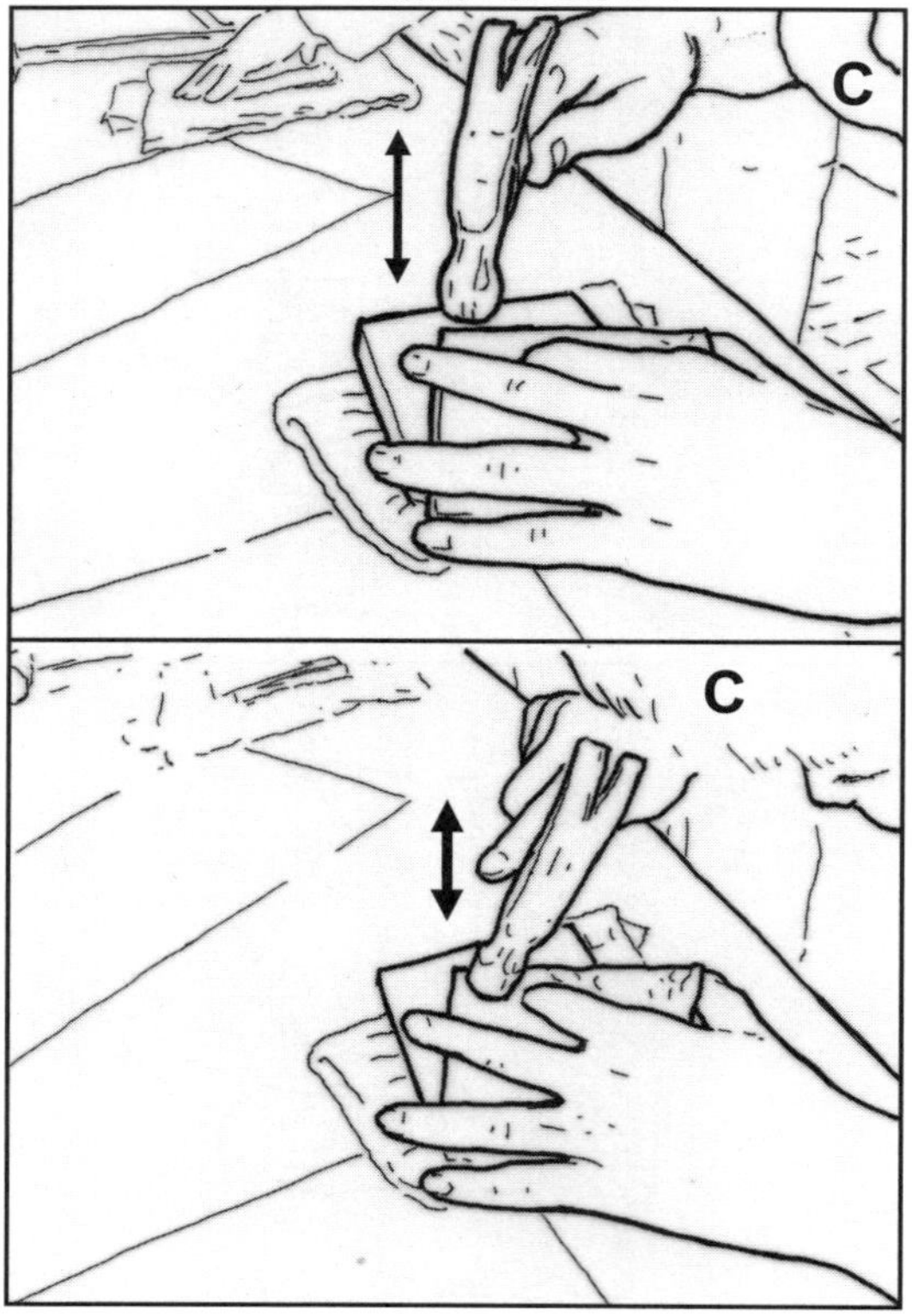

3　手の動き

「手で考える」などの言葉があるように、手はもう一つの脳とも呼ばれる器官です。手の動きは、彼らの工夫や技能、思考や判断などをみごとに表現しています。これに着目することで、子供をとらえることが可能となります。

資料9は、金槌を使って柔らかい真鍮線を鉄板に打ち込んでいるCくんの様子です[18]。金槌をほぼ垂直に強く打ちこんだり、角度をつけ槌の縁の部分で弱く打ち込んだりしています。Cくんは単純に金槌を使っているのではなく、意図に応じて打ち分けているのです。

手にした道具は、ただちに体の一部になります。筆を握って何かを描いている場合、子供は筆の先の柔らかさや弾力性も彼らの一部として感じています。彫刻刀を持てば、その刃の堅さや鋭さ、板が削れていく感じや、跳ね返ってくる板の材質感を感じています。この場合、金槌と手は一体化して、鉄板と対話しながらCくんだけの技能を生み出しています。

小学5年生のDさんは、作品をつくるための試作をしています（**資料10**[19]）。Dさんは画用紙の上で指を素早く動かし、直線、曲線、ギザギザの線など、いろいろな線を指で描いています。いわゆる「空描き」です。子供の行為には必ず何かしら意味がありますが、この時点では「空描き」が何を意味するのか分かりません。

〈注⑱〉前掲書⑨
〈注⑲〉奥村高明「指導法研究講座67［図画工作］子どもの学びを関係的にとらえ、体験の充実を図る学習指導の工夫」『初等教育資料』東洋館出版社、2007年10月号、62〜64頁　実践は常田浩二（現・長野県信濃町立信濃小中学校教諭）

資料10　「空描き」で作品をつくる練習をしている

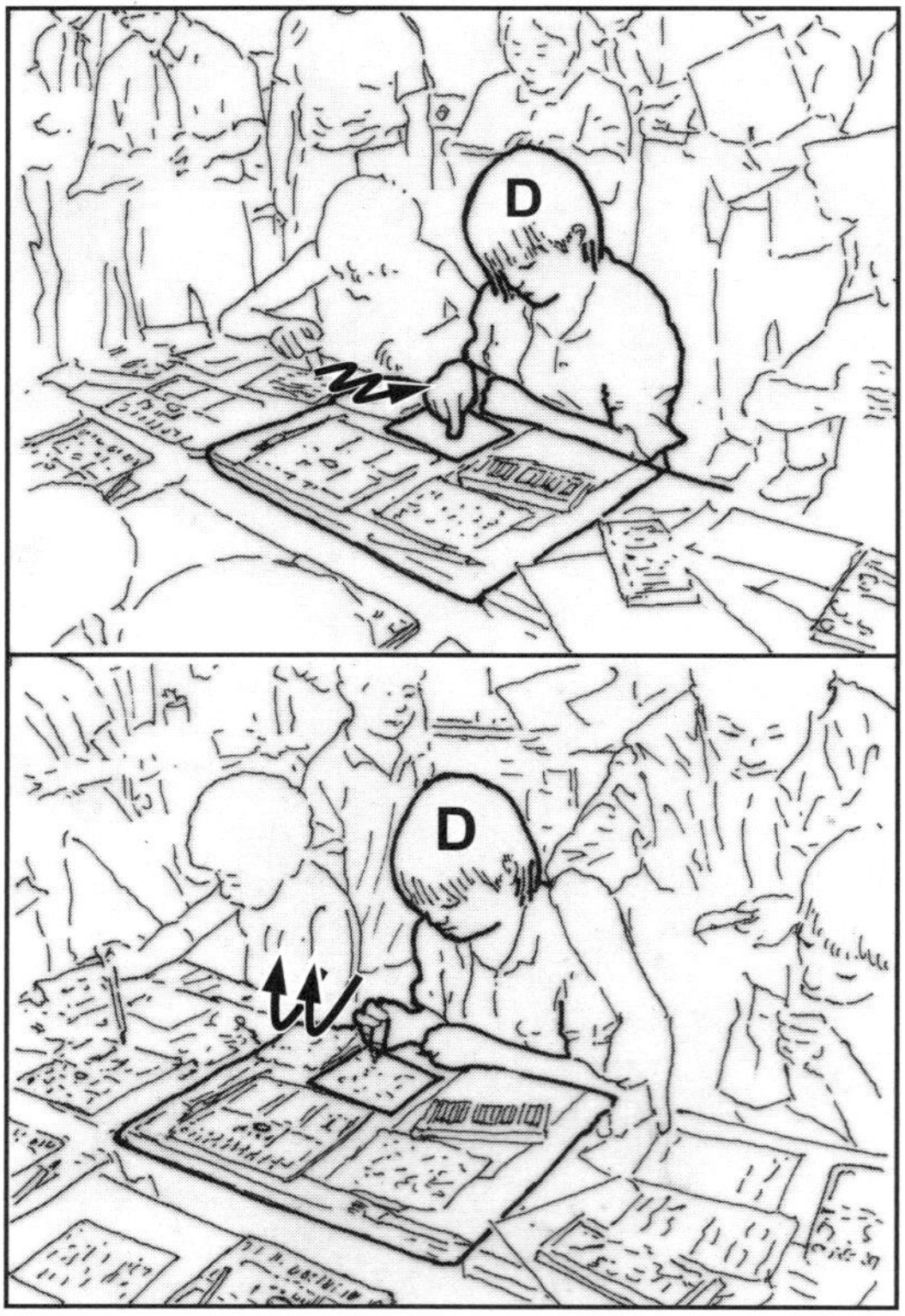

「空描き」の後、Dさんはカラーペンを手にとって、キャップを外します。でも、すぐには描きはじめません。何度もペンを上にはねるような「空描き」をします。これを数回繰り返した後に、ようやくペンで描きはじめます。描きながらも、ときおりペンをはね上げるような「空描き」の動きが出ます。

そのようにして描かれたのが**資料11**です。線は同じ方向で並ぶことはなく、いくつもの線が重ならないように構成されています。線の端は必ず「かすれて」います。Dさんの「空描き」は「かすれ」と「方向」を作り出す技法の工夫だったのでしょう。

Dさんの完成作品は**資料12**です。端のかすれた様々な色の線が見えます。線は同じ方向には進んでおらず、様々な角度で重なり合っています。それによってDさんは、人の奏でる音や合奏を表そうとしたのです。

「空描き」という手の動きから、Dさんが技法を編み出そうとしていたこと、当初から明確な意図をもっていたこと、この技法を完成作品まで貫いたことなどが分かります。

また、小学2年生のEさんは、粘土の塊を前にして粘土を「なでる」「ひっかく」「た

資料11　空描きから生まれた様々な線

資料12　完成した作品

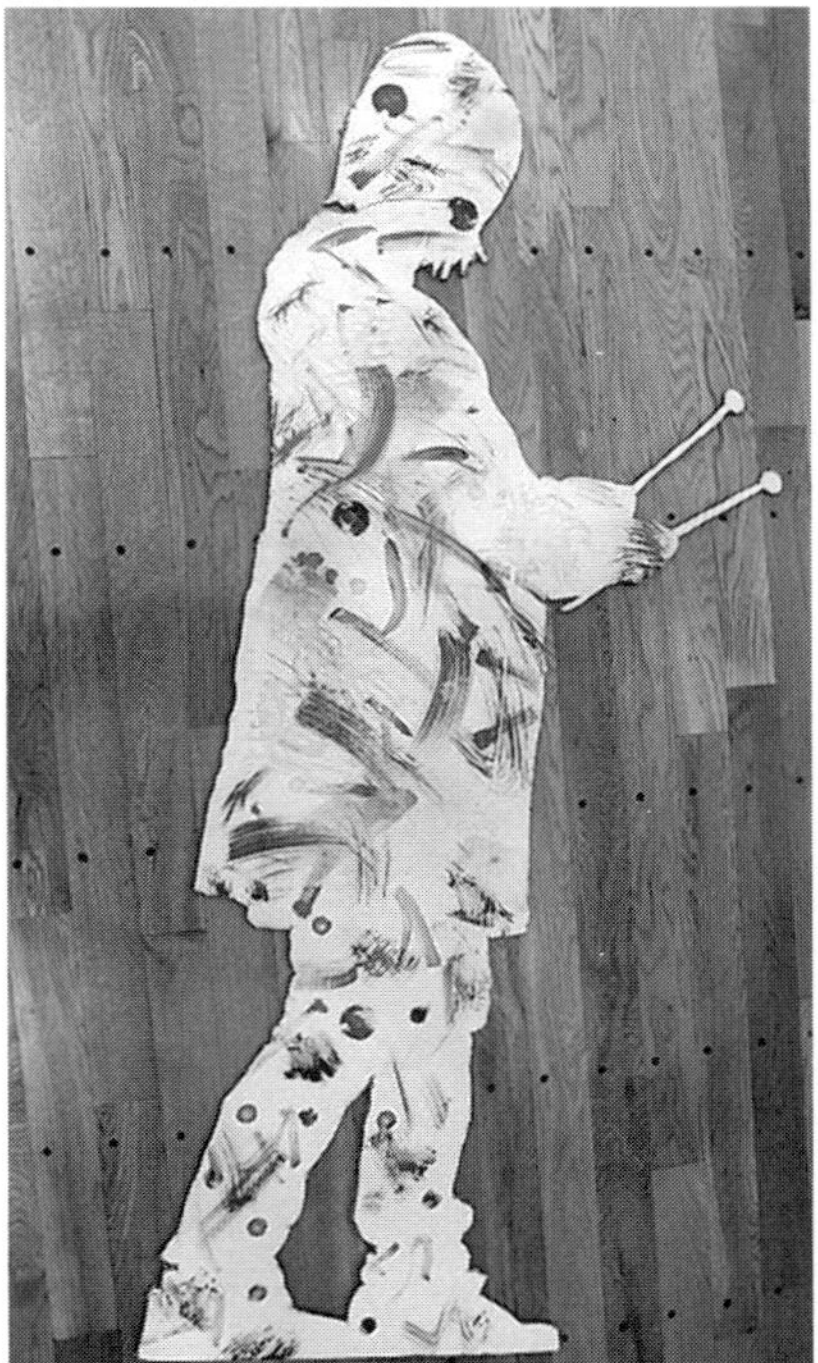

資料13　「なでる」「ひっかく」「たたく」「穴をあける」

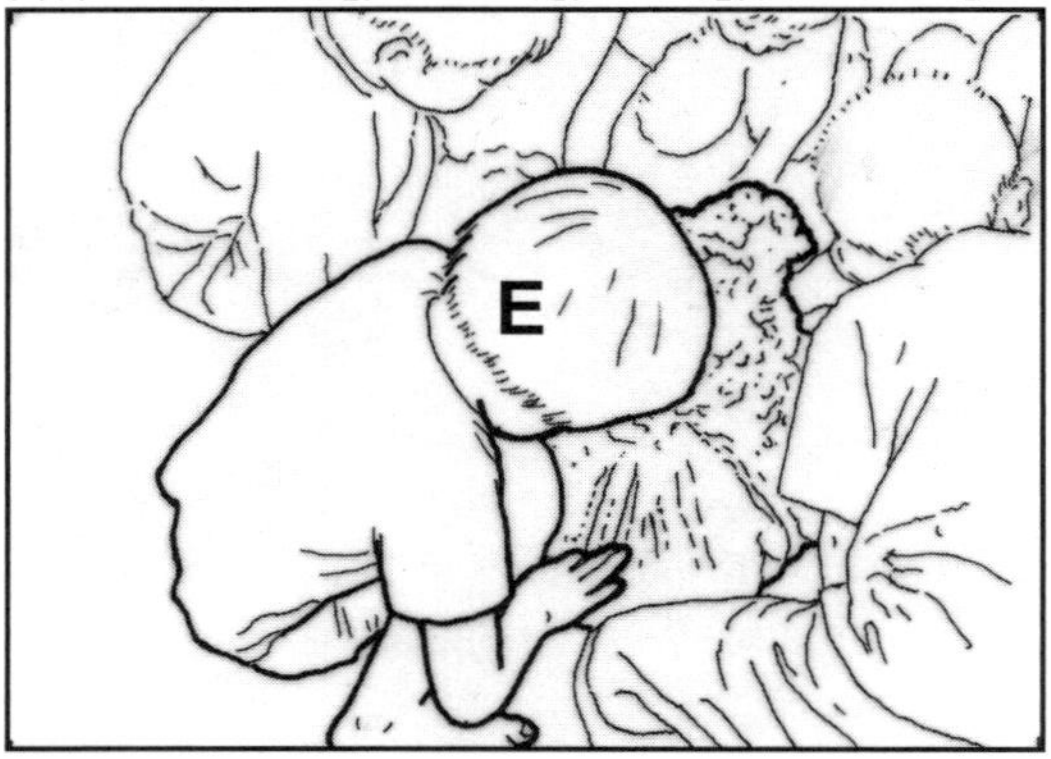
E

資料14　カタツムリの冒険がはじまる

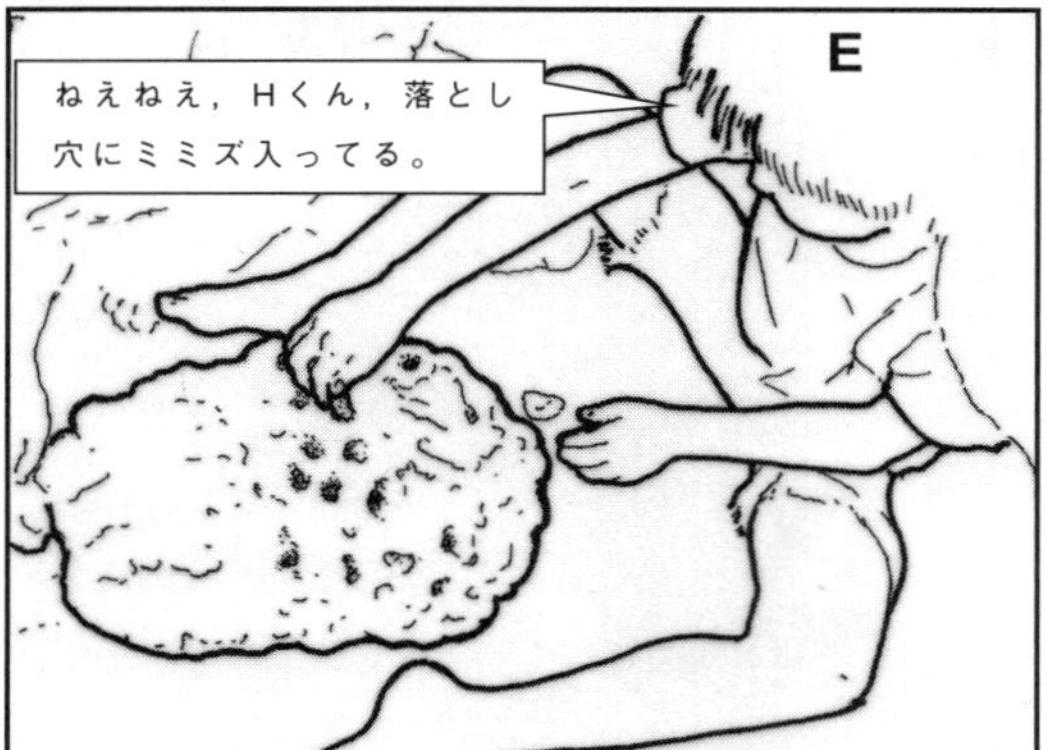
E
ねえねえ，Hくん，落とし穴にミミズ入ってる。

たく」「穴をあける」などの行為を続けています（資料13⑳）。

20分ほどこのような粘土との格闘を繰り返していましたが、その後、粘土をつまんで盛り上げ、これを「道」だと言い出し、次に「道」の先に穴をいくつも開け、「落とし穴」だと発言します。さらに、その落とし穴の中に入るミミズが生まれ、それはカタツムリに変化し、粘土の山を舞台にカタツムリの冒険がはじまります（資料14）。

「相互行為分析」において、その行為や発言の意味は、後に分かるという性質があります。たとえば、3分後の会話で、自分が何を話しているかは誰にも分かりませんが、3分後の会話が

「今、目の前の資源」によって組み立てられていることは確かです。つまり、**3分後に何を話したのかという事実から、3分前に用いられた資源の意味が判定できる**のです。

Eさんの「ひっかく」「たたく」などの「手の動き」は、カタツムリの冒険につながる探索活動として意味づけることができるでしょう。そうであれば、粘土の塊を前にしてはじめられたこの学習は、様々な試行錯誤を繰り返しながら主題を見つけたり、答えに辿り着いたりする学習プロセスを要求しているということができるのです。

4 役割[21]

個人の情報だけに焦点化しすぎると、その他の資源は捨象され、子供同士のかかわりや、学習環境などを見えにくくします。子供がどのような子供として成立しているかを、子供の役割から把握することが重要なゆえんです。

「視線」「姿勢の変化」「手の動き」などを手がかりに学習を組織化しているのは、教師だけではありません。子供たち自身も、友達の様子から技術やアイデアなどを収集し、自分の学びに応用しています。

あるときは初心者として、またあるときは熟達者として振る舞います。**子供たちは、**

〈注⑳〉前掲書⑨
〈注㉑〉前掲書⑨

自分にとって一番効果的な役割を演じながら、学習を展開しているのです[22]。

資料15は、ビーズなど様々な材料をホットボンド（ホットメルト、グルーガンなどの名称がある）を用いて作品をつくる活動の一場面です[23]。

この場面で、Fさんは、ホットボンドを接着剤としてではなく、模様を作り出す道具として用いていました（資料16）。

資料15　ホットボンドで模様をつくり出す

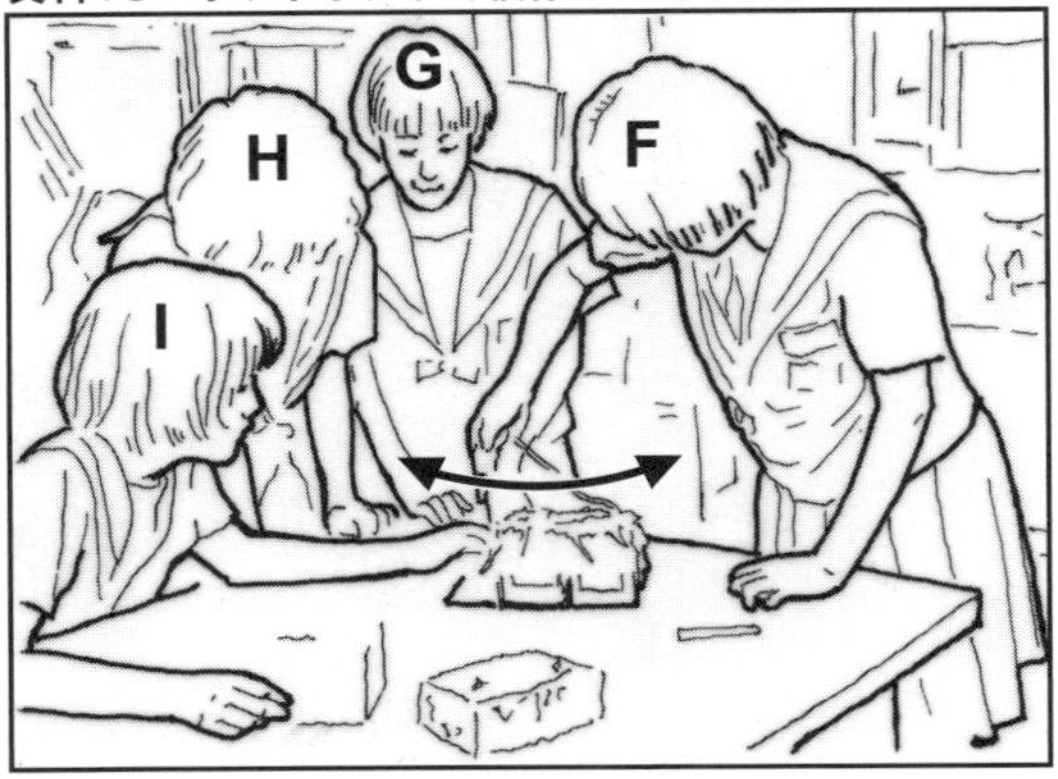

資料16　ホットボンドを用いた作品

作品から2〜3センチ離して、ホットボンドを素早く動かすことで、お好み焼きのソースのような細かな模様が作り出せるのです。

その様子を、Iさんをはじ

め周りの子供が見ています。この場面で、明らかにFさんは熟達者として振る舞っており、その他の子供たちはは初心者という位置づけになります。

資料17　熟練者から初心者への転移

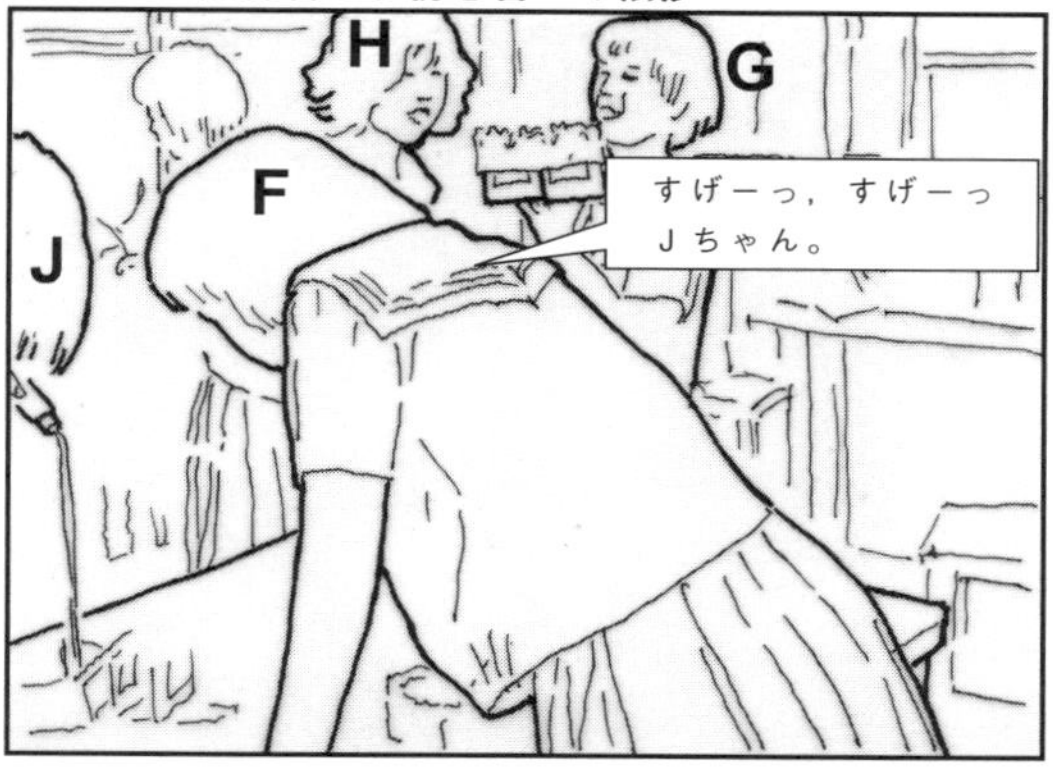

ところが、隣で活動しているJさんが、30cmの高さからホットボンドを作品に垂らしはじめます。ホットボンドから出る接着剤の糸はいっそう細くなり、Fさんがつくりだすものとは別の模様が現れます。

Fさんは Jさんの近くに移動し、のぞき込みながら「すげーっ、すげーっ、Jちゃん」と言うのです（資料17）。このとき、Fさんは初心者へと変化します。

直ちにFさんはJさんのやり方を真似して自分の作品をつくりはじめます。このときIさんはその様子をじっと見つめています（資料18）。

この後、Iさんは熟達者としてふるまいはじめます。友達の作品づくりに指導的に協力し、そこで十

〈注㉒〉奥村高明「造形行為の形成過程における相互性—子どもの状況的な実践から成立する道具」『大学美術教育学会誌第32号』大学美術教育学会、2000年、111〜118頁

〈注㉓〉ホットボンドとは、プラスチックでできたスティックを熱で一時的に柔らかくし、それが冷えることによってガラスや布など様々な材料を接合する道具。

分に技術を高めます。最後には自分の作品づくりに集中し、ホットボンドの糸を網のように規則正しく組み合わせた繊細な作品を完成させます（資料19）。

役割が固定化せず、可変的な理由の一つは学校という制度です。学校は、同程度の年齢で学年を構成し、学年が上がるにつれて習熟度を高める水平的なシステムを採用しています。

資料18　熟練者へと向かうプロセス（動作）

それは、**「全員の初心者」が、次第に「全員の熟達者」に変容する仕組み**です。

習熟度は常に近接しており、友達が新しい道具を使っていれば、それをじっくりと観察し、自分ができるようになったら熟達者として振る舞う、さらに新しい技術が生まれればまた初心者に戻るなど、熟達の過程において様々な役割が交錯するのです。

たとえば、かけ算を習う前は、ほぼ全員が「かけ算の初心者」ですが、学習が終わるころには、ほぼ全員が「かけ算の熟達者」になります。ときには、かけ算を理解している子供が、授業では上手に「初心者」としてふるまう姿すら見られるほどです。

資料19　ホットボンドの糸を網のように組み合わせた繊細な作品

全員の熟達というストーリーが組み込まれている**教室では、その場その場で子供たち自らが自分の役割を作り出す即興的な実践が行われている**のです。教師にとっては、その子供たちの役割が、学習を進行する大切な情報となります。

ここまで、「視線」「姿勢の変化」「手の動き」「役割」などを取り上げ、教師が子供をとらえる具体について検討しました。紹介した事例以外にも多くの手がかりがあります。一人ひとりの教師の個性によっても、何を手がかりとし、どのように指導を組み合わせるかは異なるはずです。

私は授業を行っている際、「この問題に対して、どう思いますか？」と発問した後は、少し間をおいて、必ず右から左に首を振りながら子供たちを見渡します。この行為は「みなさん、考えましょう」というメッセージであると同時に、子供と視線を交わすコミュニケーションです。子供の心的状況を推し量るモニタリングにもなっています。

このとき、もし私から視線を外す子供がいれば、その子は指名しません。目をそらす行為は、その問いに対して「自信がない」ことを表しているからです。逆に、教師の視線を見返す子供には指名します。見返すとは「発表したいことがある」ことを表す行為だからです。

日本の教師は、このような技を意識的・意図的に用いて子供たちをとらえ、教室という状況をコントロールしています。教室で授業が普通に行われているという「当り前の風景」の背後には、このような教師の技術が発揮されているのです。細やかに子供をとらえながら、授業を確実に実施する能力、それこそが教師たるゆえんなのです。

子供を感じる対話術[24]

今回の中央教育審議会答申で目指されていることの一つに「対話的な学び」があります。

身に付けた知識や技能を定着させるとともに、物事の多面的で深い理解に至るためには、多様な表現を通して、教職員と子供や、子供同士が対話し、それによって思考を広げ深めていくことが求められる。[25]

美術の世界では、この文言を体現するような手法として「対話型鑑賞」があります。学芸員が作品について延々と説明する一方向的な作品解説に対する反省から開発されたもので、米国発の「ＶＴＳ（ヴィジュアル・シンキング・ストラテジー）」、日本で方法をカスタマイズした「対話によるギャラリートーク」などいろいろな呼び方や「流派」があります。

共通するのは、美術作品を前に、参加者が思い思いに意見を発表しながら、司会者がまとめていくというスタイルです。そのプロセスでは、主に次頁の**資料20**のような対話技術が用いられています。

1　事実的な知識の段階

(1)「ふーん」「うん、うん」「なるほど」

まず、参加者に作品の印象をざっくり問います。すると、最初のうちは「青い」「葉っぱがある」など、比較的単純で個別的な「事実」があげられます。これに対して、「ふー

〈注㉔〉以下の内容を加筆した。奥村高明著『子どもの絵の見方―子どもの世界を鑑賞するまなざし』東洋館出版社、２０１０年、84～93頁

〈注㉕〉中央教育審議会「幼稚園、小学校、中学校、高等学校及び特別支援学校の学習指導要領等の改善及び必要な方策等について（答申）」２０１６年、50頁

資料20　対話によるギャラリートークのプロセス

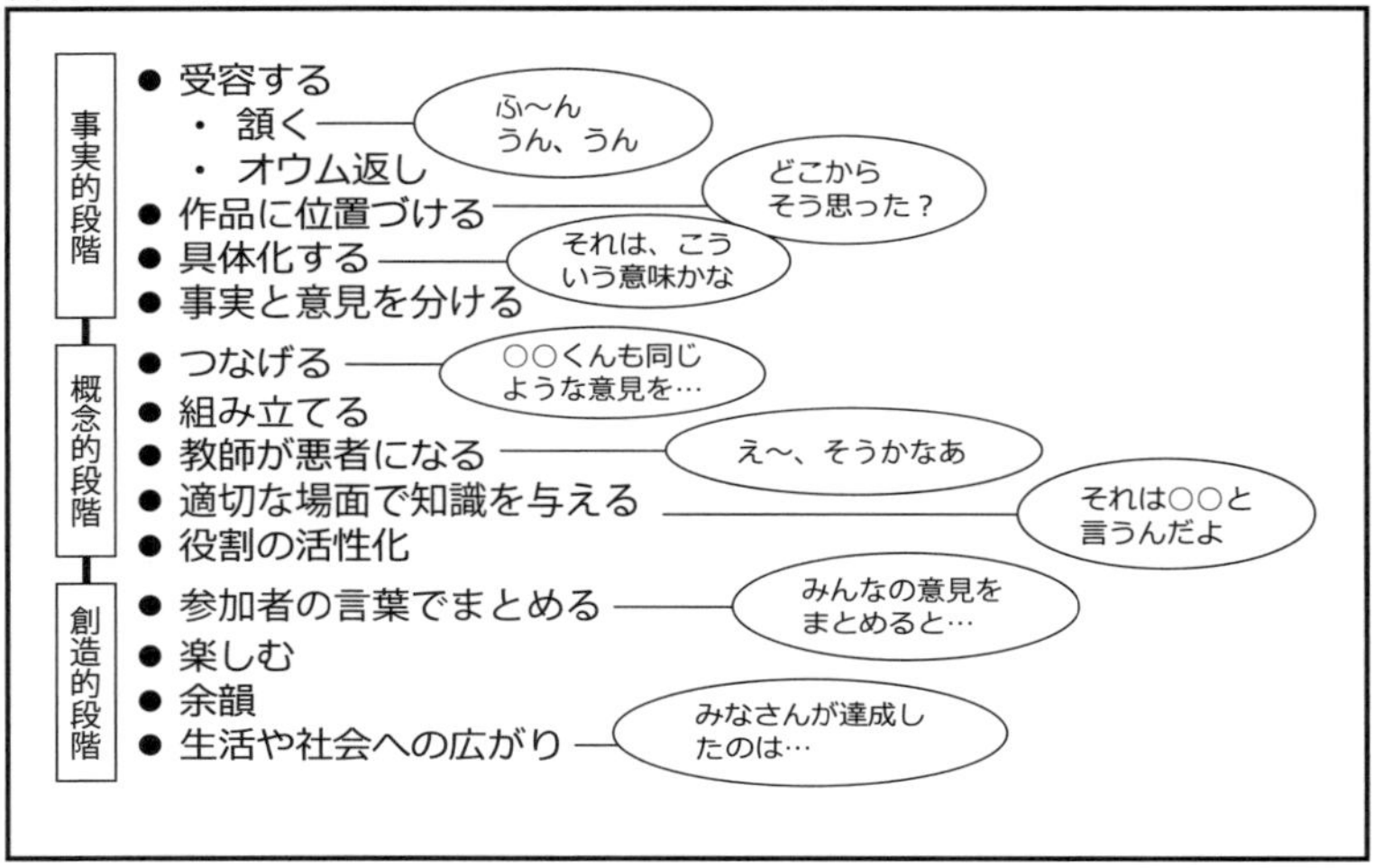

ん」「うん、うん」「なるほど」などと司会者はうなずいて見せます。

司会者によるうなずきや、そのときどきの表情は、「あなたの意見に私は興味がある」「私はあなたを尊重している」というメッセージです。逆に、このうなずきがないと、参加者は能面のような司会者と対話することになります。不気味でおもしろ味のないこと、このうえありません。

(2)「オウム返し」

参加者の言葉に対する「オウム返し」は、特に重要なテクニックの一つです。

「右上に雲が見えます」
「そうですね、右上に雲が見えますね」

実際には、このように言葉を反復するだけなのですが、それによって、参加者は「自分の意見を理解してもらえた」と感じ取ります。加えて、司会者は、相手の発言を確実に理解できるし、オウム返しの時間はたとえわずかであっても、司会者と参加者の双方に次の展開を考える間《ま》と落ち着きをもたらします。

(3)「どこから?」

対話をより発展させるためには、個々の意見を作品に戻すことが重要です。これは、「どこから?」という問いかけによって行います。この場合、ただ単にオウム返しをするのではなく、一つ一つの意見を作品の部分に結びつけます。

これは、根拠に基づいて議論を発展させるために欠かせません。根拠がないまま、参加者の感想や気持ちをやり取りする「空中戦」を防ぎます。

(4)「それってこういうことかな?」

「それってこういうことかな?」と言い換えたり、参加者が言い足りない部分を補足したりする「具体化」も大切です。意見の真意を探ろうとする行為であり、参加者同士が友達の意見について考えようとする姿勢の醸成にもつながります。

(5)「作品がこうなので、こう感じたんですね」

参観者の発言のうち、事実と意見を分けることが大切です。そのための言葉かけが、「作品がこうなので、こう感じたんですね」です。参加者は、作品の事実と自分の意見を混ぜたまま話をします。司会者が参加者の意見を繰り返しながら事実と意見を丁寧に分けることによって対話が明確になっていきます。

(6) 「それで?」

「それで?」と、さらに話をうながすことも有効です。司会者が何もかも分かるわけではないし、尋ねることで回りの参加者にとっても理解が鮮明になります。また、「あなたの意見をもっと聞きたい」というメッセージにもなります。

(7) 「待つ」

最後に、大事なのは「待つ」ことです。しかし、たいてい司会者は、この「待つ」ことができません。「〜ついてどう思いますか?」と促しているにもかかわらず、2秒もたたないうちに「あ、意見がないようですね、では…」となりがちなのです。

参加者がじっくり考えている10秒は、司会者にとってとても長く感じます(おそらく30秒くらいに)。でも、そこはなんとかガマンして一つの発問ごとに10秒くらいは待つべきです。

私も待ちきれないタイプなので、頭のなかで一つ発問するたびに、ゆっくりカウントします。ビデオ分析をすると、時折、指まで折っていることもあるようです…。

2 概念的な理解の段階

次は、参加者の意見をもとに、作品解釈を組み立てていく段階です。これは、いわば

「概念化」の作業です。司会者は様々な手立てを用いながら、臨機応変に状況を打開し、意見をいくつかの「概念」にまとめていきます。

(1) 「それは、○○くんと同じですね」

「それは、○○くんと同じですね」と意見と意見を結びつけます。それによって羅列的だった意見を束ねたり、類型化したりできます。ただ、たくさんの意見を覚えておくのは大変です。そこで、私は意見の出た大まかな「場所」を覚えておくことにしています。「さっき出た意見に似てますね…」と言いながら、意見の出た方向に顔を向けると、目を合わせてくれる参加者がいます。たいていその意見を述べた人です。

(2) 「組み立てる」

「○○という意見が出て、次に○○という意見が出ましたね」など、意見を「組み立てる」必要もあります。

多くの場合、中盤になると「意見のかたまり」とでも呼べるようなものが複数生成されています。「意見のかたまり」は、お互いに関係し合っており、順序性があったり、発展性が見られたりします。これを司会者が整理することによって、混乱している参加者の頭のなかをすっきりさせるのです。そうすることで、新たな意見を生み出す重要な資源にもなります。

(3) 「違う見方もあるんじゃないかな…」

「違う見方もあるんじゃないかな…」と、ときには司会者が話し合いとは逆の意見や反対意見などを述べることも大切です。表層的で同じ方向に流れていきそうなときに、立ち止まることができるし、参加者は反対されるとムキになって、いっそう考えます。対話を盛り上げ、話し合いを深めるための有効な方法です。

(4)「確かに作家は…」

「確かに作家は…」など、適切な場面で知識を与えることも欠かせません。話し合いによっては、鎌倉時代の絵を、江戸時代だとする意見が出ることもあります。間違った事実のまま、美術鑑賞が進行することは「解釈の自由」とは言えないでしょう。「関連する話し合いが行われているとき」「話し合いが深まると判断できるとき」など、適切な場面で、適切な知識を紹介する必要があります。それによって知識は、思考や判断のための有効な資源となります。

(5)「参加者の役割の活性化」

「参加者の役割の活性化」という視点も重要です。長くメトロポリタン美術館で教育普及を担当し、北米の指導的な立場にもあるニューヨークのフリック美術館の教育部長リカ・バーナムは、良好な状態のギャラリートークでは、次の四つの役割が生まれると述べています。

①盛んに意見を述べる少数の**推進役**
②それをサポートする**補足役**
③大多数の静かな、でも何かの決定や意見をまとめるために不可欠な**傍観役**
④正反対の主張をして議論を活性化する**反対役**㉖

リカは「四つの役割をうまく活性化させながら、話し合いを深化させることが重要だ」と指摘しています。状況に応じて司会者自身が四つの役割のいずれかを果たすこともあります。私はよく反対役をやりますが、（元来、天邪鬼な性格だから…もとい…）議論を深めるために簡便な方法だからです。

傍観役にとって話し合いが10分以上も続くのは苦痛です。話し合いに疲れているかどうかは、傍観役の表情や様子、ちょっとした一言などで判断できます。必要があれば、グループで話し合ったり、ゲーム的な内容を取り入れたりします。

3　創造的な段階へ

最後に、話し合ったことを振り返り、到達した作品解釈をまとめます。

〈注㉖〉Rika Burnham and Elliott Kai-Kee, "Teaching in the Art Museum: Interpretation as Experience" The J.Paul Getty Museum. Los Angeles, 2011 pp.79-93

大切なコツは、参加者の言葉を用いることです。司会者の言葉でまとめてしまっては、参加者は「これまで話し合ったことはなんだったんだ」という気分になるでしょう。評論家の意見や定説などをもち出すことにも慎重さが必要です。それまでの話し合いをすべて否定する可能性があるからです。意見や定説などは、あくまでも参加者の意見との関係で用いることが重要です。

司会者にとって最も大切なのは、司会者自身が参加者と一緒になって創造の現場を楽しむことです。

参加者から思いもよらない意見が出てきて、司会者が答えに窮することがあります。美術に詳しいはずの司会者自身の解釈が更新されることすらあります。参加者と一緒に創造的な鑑賞活動ができることは大きな喜びです。作家にとっても、自分の作品について大勢の人々が語り合い、楽しんでくれることは、きっとうれしいことでしょう。

余韻や広がりは、最後の場面で配慮したいことです。解釈に幅があるのが美術の特性です。特定の解釈の押しつけにならない終わり方とするのが美術鑑賞では求められます。

深い鑑賞活動が行われることは大切ですが、毎回すべての作品でうまくいくわけではありません。目の前の作品だけに拘泥せずに、「あきらめて」次の作品に向かったり、参加者自身のこれからに期待したりする姿勢も重要です。司会者には物足りない解釈であっても、参加者が思考の作法や重要な概念を獲得していたり、美術とのつき合い方を

資料21

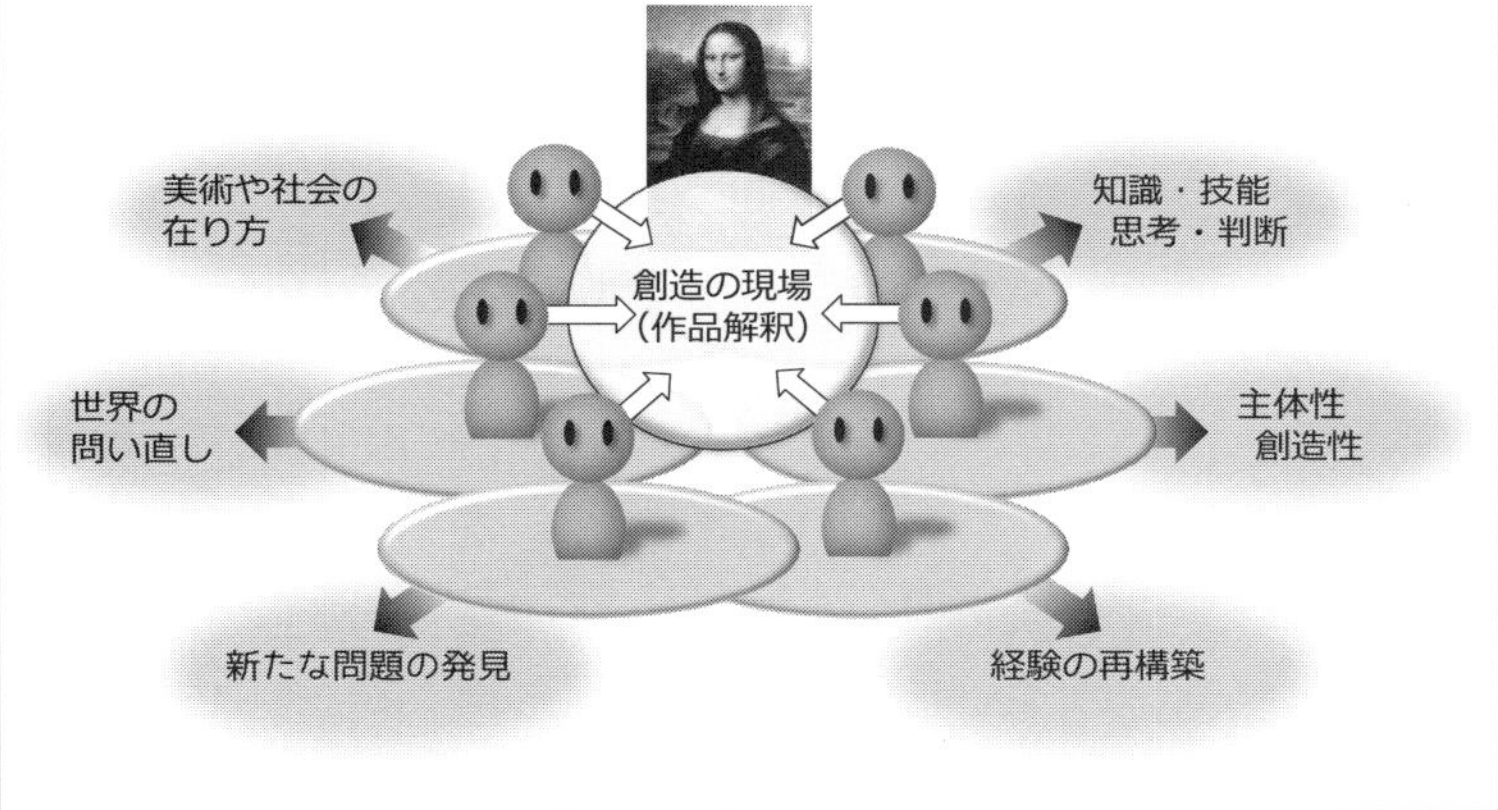

見直したり、社会のあり方について考え直したりしているかもしれないからです。

美術鑑賞を作品解釈だけに閉じ込めないことが重要なのです。答えを出し切ったり、確定したりするよりも、それぞれの参加者に「問い」が残ることのほうがむしろ目的です（**資料21**）。

海外の美術館関係者は、よく「入館前と入館後で、来館者が変わらなかったら、自分たちは何もしなかったことになる」と言います。参加者が美術や自分の生き方を豊かにすること、言い換えれば**新しい自分に生まれ変わることが美術鑑賞の究極の目的**です。

美術館を出たときに、目の前の世界が新しく見えるようなまとめが最も大切でしょう。

4　一番の基本は「転心の術」

ここまで「対話型鑑賞」の仕方（テクニック）を紹介してきましたが、何かお気づきになることはありませんか？　おそらく勘のいい方は答えに行きついているでしょう。それは、日本の教室で行われている「普通の授業にそっくりだ」ということです。

たとえば、**「司会者」を「教師」に、「参加者」を「子供」に、「作品」を「物語文」に置き換えると、「対話型鑑賞」はそのまま国語の授業になります。**技術的には「ごんぎつね」「大造じいさんとガン」など物語文の読解と瓜二つなのです。

問題点もよく似ています。作品解釈だけに拘泥したり、技術が「名人芸」化したり、時には名人を崇拝し宗教化したりすることも起きます。

国語教育では、ずいぶん前から名人芸的な授業を目指すのではなく、多様な読み、多様な学習活動を取り入れるようになりました。以前のように「ごんぎつね」の読解だけで、何十時間も費やして終わるような授業はありません。

美術鑑賞も同様で、世界的な潮流としては、作品解釈だけを目指すのではなく、鑑賞を通して参加者がどのような能力を獲得したかを重視する方向に進んでいます。私が行った海外調査においては、海外の美術館では対話を基盤に置きつつも、共通のテーマで話し合ったり、対話だけでなく簡単なゲームや制作活動などのアクティビティを取り

資料22

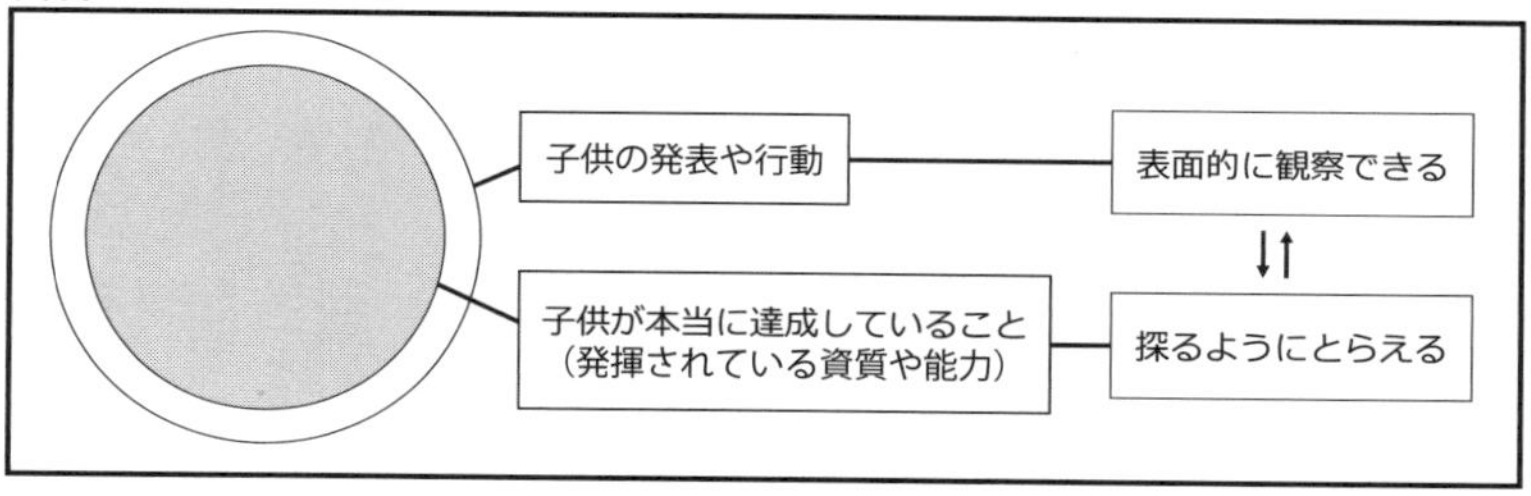

入れたりする「探求的な鑑賞」が主流です㉗。海外の様々な美術館や芸術教育の動向は、日本の学習指導要領改訂の方向と同じ流れにあるようです。

ただ、対話型鑑賞の授業を実施したり調査したりして気になるのは、うまくいく場合と、そうでない場合が比較的はっきり分かれることです。

「進行役に美術の知識が不足している」「方法にこだわりすぎて可変的な状況に対応できない」などが原因としてあげられますが、最も大きい理由は（中央教育審議会答申も指摘するように）「学習する子供の視点に立つ」という姿勢をもてないことにあります。

司会者は、参加者の意見を聞いているのですが形式的で、発言のコアにある「本当に言いたいこと」をつかんでいないのです。

〈注㉗〉平成24―26年度科学研究費 基盤研究(B)「美術館の所蔵作品を活用した鑑賞教育プログラムの開発」（研究代表者：一條彰子／研究分担者：奥村高明、岡田 京子、寺島 洋子、藤田 千織、上野 行一、藤吉 祐子、室屋 泰三、今井 陽子、細谷 美宇）における調査より。

参加者の意見や発表は、言葉どおりにとらえてはいけません。参加者の「本当に言いたい」ことは、実際に口にした言葉とは裏腹で、もっと深かったりします。

語彙の少ない子供であればなおさらです。子供側から、子供の意見を聞くためには、単に表面的に観察できることから、一段深いところに分け入らないといけないのです（資料22）。

たとえば、子供と「モナ・リザ」を鑑賞すると、「手を痛がっている」という意見がよく出ます。これは、単にモナ・リザが手を痛いと思っているというよりも、「そこに主題がある」という気づきかもしれません。実際に、ダヴィンチは手の表現によって貞淑な夫人を表したという解釈があります。[28]

資料23　抽象的なブロンズ彫刻

ヴァレリアーノ・トルッビアーニ「武器の競技」
宮崎県立美術館所蔵

多くの人から「分からない」と首をひねられ、ただ通り過ぎられることの多い抽象的なブロンズ彫刻（資料23）を見た小学2年生は、「ミサイルだ！」と言いました。ミサイルにはとうてい見えませんが、彫刻から攻撃的な形や動きを取り出して表現したのでしょう。

しかし、その一言は、多くの大人が届かない作家トルッピアーニの主題「武器の競技」を言い当てたものでした。人間は農業をはじめたときから土地の取り合いをはじめ、鋤や鍬を作り、そのうちに武器までつくり、いまだに戦争を続けているのです[29]。

授業についても同様でしょう。表面的に観察可能なことから、本当に達成されていること、子供の発揮している資質や能力をとらえることが大切です。

そのために求められるのは、子供の意見や発言を子供側から聴く能力です。自分の身を子供に投げ込み、子供が「何を感じ、何を考えているのか」を探るようにとらえる、いわば「転心の術」。それが教師の技だと思います。

「ほめる」より「認める」[30]

1　「ほめてはいけない？」人格称賛の落とし穴

「子供はほめて伸ばす」「褒め上手の上司が部下を育てる」など、「ほめる」技術を身に

〈注㉘〉上野行一、奥村高明著『モナリザは怒っている!?―鑑賞する子供のまなざし』淡交社、２００８年、16頁
〈注㉙〉奥村高明著『エグゼクティブは美術館に集う―「脳力」を覚醒する美術鑑賞』光村図書出版、２０１５年、22～23頁
〈注㉚〉前掲書㉔、80～83頁を加筆した。

つけさえすれば、どんな人も育つかのような風潮があります。実際、数え切れない書籍が刊行されています。でも、私はそうした言説を耳にするたびに、「危ないなぁ」と感じるのです。

「ほめる」という行為は、「子供側から学習をとらえる視点のない人が、上から目線で自分の評価を相手に伝えること」と考える限り、何の効果もありません。むしろ実害のほうが大きいのです。

教室で必要なのは、むやみに「ほめる」ことではありません。確かな事実を「認める」ことです。

「違う色を塗ったんだね」
「本が落ちているよ」
「こんな方法もあるよ」

このような「事実」を口にする言葉かけであれば、そこから先は子供自身が考えはじめます。

心理学者のハイム・G・ギノットは、ほめ言葉には次の2つの要素があると指摘しています。

ほめ言葉は破壊的なり

ほめ言葉は生産的なり㉛

人格評価を伴ったほめ言葉やその子の個人的な特徴をほめることは、依頼心や不安を生み出し、自律を妨げるので破壊的なのですが、活動の事実や評価者の感情を正確に伝えることは、子供の積極性を促し、子供が自分自身で結論や評価を出すことを助けるので生産的だというのです。

そもそも「上手だね」「すごいね」とほめても、子供は喜びません。教育関係者であれば誰しも知っていることです。自分を全体的にほめられても嬉しくないのです。なぜなら、何かが本当に上手な子ほど、世の中には自分よりうまい人が大勢いることを知っているからです。たとえば、ピアノを弾ける子ほど「上手だ」と言われると戸惑いの表情を浮かべます。私も絵を描きますが「上手ですね～」という言葉かけは一番返答に困る言葉なのです。

また、ほめることは、その子にだけに向けられた言葉ではありません。大勢のなかの誰か一人に向かって「よっ！天才！　きみはすごいね」などと口にすれば、その周りの子に対して、暗に「ほかのみんなはバカだね」と言っているのに等しいのです。

〈注㉛〉ハイム・G・ギノット著／久富節子訳『新版　先生と生徒の人間関係―心が通じ合うために』サイマル出版会、1983年、104頁社会性が高まる年ごろになると、教師からほめられた子供はキョロキョロと周りを見渡しはじめます。「あいつ、先生に取り入りやがって」と友達から悪い感情をもたれるリスクがあるからです。このように、集団や全体をほめることはあっても、「全体」の前で、ある特定の「個人」をほめることには慎重になる必要があるのです。

私は、学校教育の場で子供を「ほめる」必要はほとんどないと考えています。**過剰な形容詞で「ほめる」ことは、先生の位置を高め、子供を低めることにつながるだけでなく、脅迫的ですらあります。**

実例として、私の失敗談を紹介します。

あるとき、学級崩壊のクラスを受けもちました。席につかない、うろうろする、私語が止まらない、そんな感じです。

そんな子供たちに対して、私は事あるごとにほめていました。たとえば教室に入って、誰か席に着いていれば「わぁ、うれしいな。待っていてくれたんだ」、話を聞いていれば「先生を見て話を聞いてくれると話しやすいなぁ」といった案配です。

当時も「ほめる」ことの危険は十分承知していたので、上から目線の評価を避ける、性格や人格をほめずに具体的な子供の事実を伝える、それに対する自分の気持ちを素直に加えるなど、ほめ方には自分なりに気をつけていました。

それに実際、当時の子供たちは、教師である私が何を望んでいるのかをすぐに察知しました。席を離れていた子供たちも、私が誰かをほめるたびに、「ぼくもそうだよ」「わたしもちゃんとしているよ」と言わんばかりに席につきます。徐々に私のほうを向いて話を聞く人数は増え、ほぼ2週間ほどでクラスの崩壊状態は消えていました。

さて、このエピソードのいったいどこが失敗談なの？と思われるかもしれません。問題はこの後に起きます。

それから3か月ほどたったころのことです。学期末面談のとき、ある保護者から指摘を受けたのです。

「先生、うちの子、チック症が出ています」

「えっ？　何か家庭で思い当たることはありますか？」

「いいえ、学校のせいだと思います」。

私にとっては寝耳に水、本当に驚くべき指摘でした。

「まさか、そんなこと…」と思いながらも、翌日その子の様子をよく観察しました。すると、事実そのとおりだったのです。

「お、そんないい姿勢で話を聞いてくれると先生はうれしいな」子供たちに向かっていつものようにほめると、その子は、そのたびに人一倍背筋をピンと伸ばしながら、片方の目をピクピク痙攣させていたのです。

とても元気な子で、昨年度まではのびのび過ごしていた子でした。たいへん賢い子だったので、頭では分かっても、体がついていけなかったのでしょう。「クラスが落ち着いた」といい気になっていた私は、冷水を浴びた気分になりました。

動機は個人の属性というよりも、集団的な属性という性質があります。[32] ほめるという行為も、教室においては集団との関係で成立します。一種のプレッシャーであり、先生がほめた以外の言動は許されない雰囲気が教室に生まれます。

「ほめて育てる」確かにそれは耳触りがいい言葉です。しかし、そこには様々な問題点が潜んでいるのです。

2 「認める」を伝える

子供にとって本当に必要なのは、「認める」ことです。

思考のプロセスとして、人間は「ほめる」言葉を発する直前に、まず相手の行動や発言などを認めているはずです。その次に、思考や感情が動くのです。

「認めた」後に価値づければ、その子は「ほめられた」と感じます。逆に否定すれば「叱る」という行動につながります。「ほめる」「叱る」という行為は、あくまで二次的なものであり、教師の指導意図のなかでひとひねりした後の発言だと言えるでしょう。

教育現場では、教師が「認めた」事実を加工せず、できるだけ正確に子供に伝えることが大切です。「何をしたのか」「何ができたのか」「何ができなかったのか」をそのままの形で表現すればよいのです。

先生「最後のまとめの部分を変えたんだね」

子供「そうなんだ、先生、このほうがいいと思って、変えたんだよ」

先生「そうか、このほうがいいと思ったのか」

このように、ある事実に対して「認める」言動によって相手の理由を引き出させ、それを起点として価値づけたり、叱ったりすればいいわけですから、誤解が発生することも少なくなります。

図画工作や美術であれば、子供たちを「認める」ことが特に容易な教科です。なぜなら目の前に作品があり、子供のアイデアや工夫などが豊富に可視化されています。根拠がはっきりしているので、「上手だね」と曖昧に「ほめる」のではなく、「ここの色、変えたんだね」と具体的に「認める」ことができます。それだけで子供はうれしそうにうなずきます。

もちろん、子供の意図や工夫が教師には分かりにくいこともあります。そんなときは、「ここは?」と子供に尋ねればよいでしょう。尋ねるという行為は「あなたに興味がある」

〈注㉜〉横浜国立大学教授　有元典文の指摘。

資料24

「伝統とくらし 110 号」伝統的工芸品産業振興協会、2007 年より転載

という好意的なメッセージになります。

あるいは、子供の作品を教師が手にとって、「ふーん」とうなずくだけでも子供は喜ぶものです。それは、自分の分身である作品を、教師が手に持つ行為によって、「その子」を「認めた」ことなるからです。私も自分の代表的な作品をポストカードにしていますが、自己紹介するときに、相手が「へえ、これですか！」と持ってくれるだけでうれしくなります。

東北で女性初の伝統工芸士になった久保田節子は、次のように語っています。

（母ちゃんは）わたしが見様見真似で何か作ると、『よくできたなぁ』って、必ず誉めてくれる人だった。どんなに下手でも…絶対に怒らないで誉めてくれたの。だから、わたし、喜んで、いろんなもの作ったの。今、こんなに幸せなのは、母ちゃんのお蔭だわね、だから感謝しているのよ。[33]

よく読めば分かるのですが、久保田は「母ちゃん」から、ほめ言葉を言われていません。「上手だね」「うまいね」ではなく、「よくできたなぁ」と認められているのです。ずっと「母ちゃん」から、認められ続けてきたことが久保田の支えになり、伝統工芸士の道につながったのでしょう。

ただし、事実を伝えることにも注意が必要です。教師は事実を伝える技術に長けており、上手に子供をコントロールすることができます。

「あ、ごみが落ちている」

「空気がこもっているなぁ」

教師がこのように言えば、子供たちはすぐにごみを拾ってくれますし、窓を開けにいってくれるでしょう。

教師は、「静かにしなさい」と直接的に指示を出しても、子供は容易にしたがわないことを知っています。だから、「うるさいと話しにくいなぁ」などとつぶやくのです。そのほうが使うエネルギーは少なく、圧倒的に楽ですから。ただ、やり過ぎると子供に悪影響を及ぼします。

私は、我が子にもそのように接していました。そのため、娘は私そっくりになってし

〈注㉝〉奥会津編み組細工伝統工芸士久保田節子のインタビューから「伝統とくらし１１０号」伝統的工芸品産業振興協会、２００７年、14―15頁

まいました。結果、母親が苛立つのです。

娘「なんだか暑いなあ」
母「窓開けて！ってはっきり言いなさい！」
娘「部屋がシーンとしてるね」
母「テレビつけていい？って言いなさい！」
母「まったくあなたはいつも間接的にものを言う！　お父さんそっくりね（激怒）」

はい、間違いなく父親のせいです…。

3 「全体」より「部分」

以前、荒れている中学校で美術教師をしていたとき、生徒とうまく会話ができずに悩んでいたことがあります㉞。そのとき、ハイム・G・ギノットやトマス・ゴードン㉟などのカウンセリングに関する著書を読み、それを教育に応用したことで、ずいぶんと生徒との人間関係を改善できた経験があります。

たとえば、「先生、できた！」と絵をもってきた生徒に対して、以前は「ここは、もっと丁寧に色を加えて…」と、すぐに「指導」に入っていたのですが、まず「お、できたね！」と「認める」を入れました。これは効果的でした。

そもそも、絵が「できた」ともってくる生徒は、教師の評価を気にしています。そのため「自分の絵」ではなく、「絵を見せたときの教師の顔」を見ています。そこで、生徒と目を合わせ、「できたね」と認め、できた喜びを共有します。これだけで、中学生との緊張関係がほぐれます。

次に、作品を見ます。着目するポイントは「全体よりも部分」、その方法は「言うより、聞く」です。「ここは？」と生徒に聞くだけです。無理にほめたり、全体的に評価したりすることは避けます[36]。

こんなかかわり方をしていたら、どんな生徒もいろいろ説明してくれました。

「ここは？」

「ここはうまくいかなかったけど、こうしたくて」

「そうかぁ、うんうん、ふ〜ん」

あいづちやオウム返しなどを繰り返しているうちに、生徒のほうが改善策を提案しはじめます。教師は「じゃあ、そこを加えてきて」と言えばいいだけです。

〈注㉞〉奥村高明「学び！と美術 Vol.6」「『その子らしさ』の図画工作・美術」日本文教出版（https://www.nichibun-g.co.jp/column/manabito/art/art006/）
〈注㉟〉トマス・ゴードン著／近藤千恵訳『親に自信を与える—親業—新しい親子関係の創造』サイマル出版、1980年
〈注㊱〉前掲書㉔ 82、83頁

その過程で教師の心に浮かんでくる言葉は「ひとひねり」した言葉ではありません。実感のこもった本当の言葉です。

「なるほど、いい感じだね」

「直したほうがいいかもね」

荒れた環境にあっても、彼らが素直に喜んだり、納得したりする姿を見ることができました。

「全体よりも、部分」「言うより、聞く」は、いろいろな場面で使える魔法のメソッドです。

食事を出したときの夫婦の会話を例にしましょう。妻がつくる順番だったとします。

夫「このみそ汁は？」

妻「あ、わかった？　みそ変えたのよ」

夫「変えたんだ（分かっていません…）」

妻「どう？」

夫「おいしいね（それほどでも…）」

妻「よかった！」

夫「ありがとう」

ここまで都合よくはいかないかもしれませんが、おいしいかどうかよりも、味噌を変えたという事実を伝えることがミソで、それを「認める」ことで相手は喜びを見いだします。

次の例は、恋人同士の会話です。男女が駅で待ち合わせをして、出会った場面を想像してみてください。女性が気になったのは、男性が見慣れない服を着ていることでした。

女子「あれ？　そのシャツ」
男子「えっ？　分かった？（うれしそうです）　昨日、買ったんだ」
女子「へえ、新しいんだ」
男子「お店の人にこの色が似合うって言われて…どう？（すでにニヤニヤしています）」
女子「青色が似合うよね（嘘でもいいのです）」
男子「で、このジーンズはね、ビンテージもので…（聞いてもいないのに話を続けます）」

男子を転がすのも「全体より、部分」「言うより、聞く」です。「かっこいいね」「やさしいね」と全体をほめられても戸惑うだけですが、何か特徴的な部分を聞くだけで、相手は認められた気分になるでしょう。

4 「気持ち」を正確に伝える

「対話」においては、自分の気持ちを正確に伝えることが大事です。

プロのピアニストに観客との関係をインタビューしたことがあります。

私「『上手ですね』と言われるよりも、『いい気持ちになりました』とか『楽しかったです』のように、感情を正確に伝えられるほうがうれしいのではないですか」

ピアニスト「そのとおりです。ほめられるよりも、気持ちを伝えられるほうが、ずいぶんうれしいですね。」

私「そうですよね（我が意を得たり）」

ピアニスト「でも、それ以上にうれしい言葉があります」

私「え？　それは何ですか」

ピアニスト「『もっと聞きたい』です」

なるほど「もっと聞きたい」は、その音楽に対する観客の最高の表現です。それが全体の拍手になって示されるのがアンコールです。以前ジャズ・コンサートのポスター（資料25）を描いていたことがありましたが、海外から来日するジャズの大御所たちも、アンコールが一番うれしいと言っていました。

資料25

確かに、私も自分のポスターを「もっと見たいなあ」と言われるとうれしくなります。さらに、「かざってみたいな」と言われたら、天にも上る気持ちになります。

叱る場合も同じです。「叱る」前に、感情を揺さぶる行為や事実があったはずです。それを、そのまま伝えることが叱る展開を楽にします。

たとえば、門限に遅れて帰ってきた娘がいるとしましょう。お父さんはもうカンカン。夜遅く、ようやく帰宅し、ドアを開けたとします。

父「今、何時だと思っているんだ！」

娘「関係ないじゃん！」

この会話の後に待っているのは、親子ゲンカ必至です。

しかし、お父さんが、ドアを開けた娘を見たとき真っ先に生まれた感情は「無事に帰ってほっとした」ではないでしょうか。その次に怒りの感情が生まれたはずです。いわば「安堵」が第一次感情、「怒り」は第二次感情です。そこで、第一次感情を正確に伝えてみましょう。

父「ああ、よかった…心配した…今、何時だと思っているんだ！」

娘「（ふてくされながらも）ごめん…」

こちらの例も都合よくいくとは限りませんが、「帰ってきた」という事実と、それに対する第一次感情をまず伝え、その次に叱れば、多くの場合、子供は大人の言葉を受け入れるものです[37]。

子供の見方や対話術、ほめ方などは目新しいものではなく、長い歴史のなかで私たち教師が培ってきた能力です。

日本の教師は常に頭の半分で子供一人ひとりをチェックしつつ、もう半分の頭で授業の進行状態を確認したり、子供の姿を学習目標と照らし合わせたりしなが

資料26

指導計画は・・・
進み具合は・・・
子供の様子は・・・
理解度は・・・

ら授業を進行させています（資料26）。「子供と同化するかのように子供をとらえつつ授業を計画に沿って進める」それができるのが教師なのです。そのような教師がいて、はじめて授業は成立するのです。

「授業実施の術」は、教師を教師にさせてくれる忍術であり、同時に授業を授業にしてくれる忍術だろうと思います。

〈注㊲〉前掲書㉟、１２０、１２１頁

第7章

授業三つの忍術［その③］発信の術

「授業発信の術」は、授業の成果や情報を、子供、同僚、保護者、社会などに伝える能力です。ひとつの授業を終えるごとに、子供の学力の伸び、学びの様子、子供同士の会話、次の授業への期待などのデータが集積されていきます。

しかし、学級は基本的に閉じられた場所であり、外部に対して学習の可視化を妨げる装置です。子供、保護者、社会などは、学級内で起きていることを知ることはできません。いずれも学級の教師しか知らないデータです。そこで、その学級内で起きている出来事や成長の様子に関する情報を効果的に伝える（発信する）ことによって、子供の自己評価力を高めたり、保護者の協力を高めたり、支援者を増やしたりすることができます。

大きく次の３つに分けて考えていきます。

●広報型の発信
●発表型の発信
●評価型の発信

広報型の発信

一般的なのは、学級通信、学校便り、ホームページなどでしょう。**発信のポイントは、**

情報の受け手の心情や行動をデザインする意識です。受け手が情報を得ることでどのように動くかを考えて発信します。

学級通信であれば、その対象は保護者だけでなく、保護者の両親や親戚、保護者のご近所友達まで想定することができます。このとき、学級通信を読んだお母さんは隣人とどんな話をするのでしょう。学級の様子を故郷のおじいちゃんに伝えようとするのでしょうか。受け手の広がりや行為を想定したコンテンツ作成がコツです。

そこで、以下の点をチェックしてみましょう。

☑**「目的は何か」**―発信によって受け手の心理や行動をどのように変化させるか明確にする。

☑**「何を掲載するか」**―目的に応じて、学習活動の様子、子供の声、写真、データなどのコンテンツを選ぶ。

☑**「どのような方法が効果的か」**―印刷物やホームページなど、目的に沿って最も有効な発信方法を検討する。複数の方法を連動させて、相乗効果を図ることもある。

☑**「情報の発信で何が起こるか」**―情報の提供が目的に沿ったものであれば十分だが、意に添わぬことが起きることもある。「炎上」など最悪のケースを想定して作成することが重要。

☑**「個人情報に配慮しているか」**―個人情報の取扱いに配慮することは言うまでもない。個人情報保護ガイドラインが自治体等で作成されているので参考にする。

毎日のように学級通信を書いたとしても、相手の心に届かなければ役に立ちません。受け手の心情を揺さぶり、思考を促し、それによってどのような働きが得られるかを想像しながら発信することが大切です。

ただ、どうしても広報型は一方向的で、発信者の自己満足になりがちです。受け手の意見や感想を取り入れるフィードバックの仕組みを取り入れるのも大切です。

発表型の発信

学習発表会や運動会、学校展覧会などがこれに当たります。ポイントは、保護者だけでなく地域社会まで視野に入れているかどうかです。

たとえば、東京都では1年ごとに学習発表会と学校展覧会が交互に行われています。学習発表会は音楽や演劇などです。学校展覧会は図画工作、家庭科、書写など全校児童の作品を展示します（資料）。

時期は11月から12月、週末の2日間程度、学校を開放して体育館などで行われます。地域全体に公開されており、毎年多くの人が訪れます。

紹介するのは、江東区の「展覧会」に参加したある保護者の声です。

資料　学校展覧会の風景

東京都練馬区立光が丘秋の陽小学校　図画工作専科　玉置一仁教諭による撮影

『アートの森』という全体のテーマが設定されていて、1年から6年まで体育館いっぱいに作品が展示されていました。高学年児童のガイドによる作品の説明がないと迷うほどです。ナイトミュージアムもやっているし、2日間限定なのがもったいない！

この声からは、保護者がわが子の作品だけでなく「子供の表現」を味わい、美術館のように展覧会を楽しんだということがよく分かります。発表会は単にわが子の作品や演技だけを楽しむのではなく、子供の表現や成長そのものを地域みんなで祝う機会になっているのです。

発表型において最も重要なのは、「家族が成立する」ことです。わが子の発表会に来ることで「お父さん」が、孫の手を引いて作品を見ることで「お爺ちゃん」が成立します。たった一人で、あるいはそれぞれの仕事場で「お父さん」や「お爺ちゃん」にはなれません。家族と家族の一員はその場その時の状況で成立する実践です。**発表会が「家族をつくりだし、地域社会を成り立たせる装置だ」**ということを考えて発表型の発信を行う必要があるでしょう。

評価型の発信

代表的なものは通知表です。多くの場合は学期末に配布されます。

通知表は、教師が総括的に文章や記号、数字などで評価をした結果です。しかし、数字や記号を単純に比べるだけになっているのが実情です。子供自身のメタ認知能力や評価能力を高める必要がある時代において、実にもったいない気がします。

大学の例ですが、「リフレクション・デイ」という実践があります。

関西国際大学では、「リフレクション・デイ」を設定しています。学期末に、成績表だけでなく、試験やレポートなどを返却することによって、最終的にどのように評価されているかを明確にする日です。自分の学習成果を確認し、整理することによって、自分の得意な点や不得意な点を明確にして、次の目標設定につなげていく取組です[①]。関西国際大学学長の濱名篤は、「学生は、評価されるだけの経験しかしてこないままに入学してくる」と述べています。小中高の学校関係者には耳が痛い話です。

中央教育審議会答申は「何が身に付いたか」を見取る学習評価の必要性を指摘しています。新学習指導要領で求められているのは、まさに子供たち自身が自分を評価する能力の育成です。

そもそも「終業式」という日は、本来、学期の全体を振り返り、自己評価力を高める日だったのではないでしょうか。

通知表だけでなく、紙媒体やタブレットを用いたポートフォリオ、ルーブリックの変化、統計結果などの補助資料をもとにすれば、子供自身が、何と何によって通知表がついたのか理解することができるはずです。

また、単元、年間などのスパンも重要な視点です。

2学期制の学校においては、学期の中間地点に「リフレクション・デイ」を設定する

〈注①〉濱名篤「3つのポリシーを実質化する～学生の「学び」を質保証するために～」2018年2月28日、聖徳大学における講演及び講演資料より。

ことも方法の一つです。学期の後半に目的をもって学習する機会を与えることになりますから。

今回の改訂に伴った学習評価については、本書の執筆時点では、まだ中央教育審議会で審議中です。ルーブリックやポートフォリオなどを用いた具体的な根拠をもった評価が検討されるでしょう。

今後の実践や研究に期待する部分は大きいのですが、評価自体が子供の評価能力を高めるという視点から、自分を振り返る機会は、ますます重要になってきます。授業の終末段階の振り返りだけでなく、第6章[②]で見たように、学習の進行中に「子供自身が自分の思考や活動を読み取っていること」を大切にする必要があるでしょう。授業設計として、子供のメタ認知が活性化するプロセスを組み込むことも求められると思います。また、エビデンスによる可視化も大切です。

以前、概念地図法を用い、子供の学習状態を把握したことがあります。[③] 4年生の社会科で県の特徴を調べる学習です。9時間の単元で、学年3クラス足並みをそろえて導入・展開までしっかりとグループ学習や話合い活動などを行いました。

最後の1時間は参観日で、「かがやき物産展」という発表会を行いました。学習がすべて終わったとき、私たちは発表会後の概念地図の変化に驚かされました。主要ワードを結ぶリンクの数が、1時間の学習を経ただけで818から873へと7％も増加していたからです。「発表会」という学習が思った以上に子供たちの概念形成に役立つことを知ったのです。[4] それまでは、「発表会」はお祭りのようなもので、達成感や意欲向上に効果があるくらいに考えていました。**評価の可視化は、学習者だけでなく教師自身の思い込みも変える有効なツール**なのだろうと思います。

「授業発信の術」は、授業にかかわる子供や保護者・地域、さらに発信する教師自身を変化させる実践です。

授業は授業設計だけでは成立しません。授業を子供のまなざしで実施できる教師が必要です。さらに授業を発信し、自らを振り返る実践が欠かせません。「授業設計の術」「授業実践の術」「授業発信の術」この三つがそろったとき、はじめて授業ができたといえるのではないでしょうか。

〈注②〉本書161～167頁
〈注③〉概念地図とは概念間の関係を示した図。リチャード・ホワイト、リチャード・ガストン著／中山迅、稲垣成哲監訳『子どもの学びを探る―知の多様な表現を基底にした教室をめざして』東洋館出版社、1995年、32～65頁
〈注④〉宮崎大学教育学部附属小学校平成8年度研究紀要「子どものよさや可能性を豊かに伸ばす教育課程の編成と展開」1996年、59頁

〈エピローグ〉

研究授業は「一人の子しか見ない！」

都道府県大会、全国大会などの自由参加の研究会において、一番の楽しみは研究授業です。子供の活動の様子や先生の指導を参観することで、新しい教材や指導法など多くのことを学べます。

その際、私は一人の子供しか見ません。その理由は、ただ一人であっても、「その子において学習が成立してこそ授業」だと思うからです。また、一人を見ることから指導の改善が見つけられることも多いのです。この見方には、少しばかりコツがいるので紹介しましょう①。

1　見る子を決める、先生は見ない

授業がはじまったら、すぐにどの子供を見るか決めます。決め方は「最初に出会った子」「目の前にいた子」。見やすければよいので、たいてい入り口付近にいる子です。偶然の出会いを決め込んでいます。

このとき、「積極的に発言する子」「テーマに合致した活動をしている子」など、選ぶ基準を設けることはしません。それが先入観になって子供がうまく見えなくなるからです。

決めたらずっとその子だけを見ます。先生はほとんど見ません。先生が何をするかは指導案に書いてあるので、それを読めば十分です。それに、その子が先生の話を聞いていれば、それは「先生の話は、その子にとって大事なこと」で、逆に聞いていなければ「先生は、その子の世界に存在していない」ということです。

「先生」という存在は「子供」から成立します。「指導の妥当性」も、その子から見えるはずです。そのために子供を見ます。子供を通して授業を見るのです[2]。

2 一人を見る、つながりを見る

見る子は厳密に一人だけです。魅力的な活動をしている子供を次々と拾って歩く見方はしません。それは「蒐集《しゅうしゅう》」と同じで、子供ではなく「自分の好み」を見る行為です。「銀ブラ」に喩えてもよいでしょう。ファッション、スイーツなど「その人」の好みによって「銀座」は都合よく変化します。

また、私には何人も同時に見ることができるほど能力がありません。さらに自分が図画工作・美術の人間なので、ついアート的におもしろいことをする子に惹かれてしまう

〈注①〉奥村高明「学び！と美術Vol.17」「研究授業の参観のコツ～子どもに身を重ねる流儀」を加筆。日本文教出版ホームページ https://www.nichibun-g.co.jp/column/manabito/art/art017/

〈注②〉先生ばかり見ている参観者もいるが、目の前で子供が学習しているのにもったいないと思う。

癖があります。

それを防ぐために、ほぼ無造作に一人を選び、ある意味我慢して、徹底してその子だけを見ます（でも、ずっと追われる子供からすれば、いい迷惑でしょうね…）。

とはいえ、一人を選ぶといっても、その子だけを見ているわけではありません。私が決めた子が隣の友達と話す、先生の話を聞く、材料や用具を選ぶなど、その子から広がる関係性を見ています。

「一人を見ない、一人から見る」といった感じでしょうか。子供を成立させる多様な教育の資源を、その子から見ているのであって、一人の閉じた世界を覗き込むわけではないのです。

授業はほぼ同じ条件で行われていますから、一人の道筋で起きている事実が残りの子供たちに敷衍できることも多くあります。「一人から全体を見る」と言ってもよいでしょう。

「一人しか見てないのに、何も分からなかったら？」とよく聞かれますが、その心配はあまりありません。

研究大会などでは、一つの教室に5分しかいないこともありますが、これまでの経験からは、たとえ短時間でも子供は何かを教えてくれました。

子供は学習をしているのです。もし何も分からなければ、それは子供のせいではありません。参観者の責任でしょう。ひたすら「この子はやってくれる」と信じて見れば、何かがきっと分かるものです。

3 頭のなかを空にする

その子に身を投じるような見方ですから、できるだけ自分の頭を空っぽにします。これをしないと失敗します。

あるとき「技能」に視点を決めたのですが、結果的に何も分かりませんでした。技能は単独で存在するものではなく、思考や判断などと絡んで成立します。「技能」を選び出すように見ようとしたために、その関連が見えなくなったのか、「技能」というテーマを設けてしまったので、先生の視線から離れられず、その子に身を投じるように見ることが阻害されたのかもしれません。

また、指導案の内容も忘れるようにします。指導案をもとに授業を追っていくことはしません。その理由は、子供は指導案を知って動いているわけではないからです。教師の提示に驚き、出された課題に悩みます。それに共鳴したいからです。

4 子供と目が合ったら？

「そんなにじろじろ一人だけ見たら、その子も気になるでしょう」。おっしゃるとおり。

一応、子供と目が合ったら「私はきみには興味なんかないよ」という顔で知らんぷりします。見られているという意識は、子供の学習に影響を与えるからです[③]。

ただ、どう気をつけていても子供は気づきます。突然こちらに話しかけてくることもあります。ニコッと笑って作品を手に「ほらっ」という感じです。

怖い顔をした知らないオジサンに…実に不思議です。子供は自分を見る人が共感的なのか、そうでないのか直感的に分かるのかもしれません。

*

結局、私が辿り着いた授業参観のコツは、偶然に任せて子供を選び、子供が何を感じ考えたか共感しながら、その子から教育の資源を分析するというものです。

結果的に自分の思い込みに気づかされたり、教育の当たり前が問い直されたりするので、この方法が気に入っています。「自分から見ると自分以上にはなれない」「子供から見れば少しは進歩するかもしれない」そんな気持ちで参観しています。

もし、よかったらこの方法を試してみてください。


〈注③〉授業研究ということ自体、子供の学習の資源だ。普段より意欲的になったり、萎縮したりする。授業後に子供たちが「先生！今日のあたしたちどうだった」と言うことも多い。

おわりに

本を書いて出版するというのは、基本的には恥をさらすことです。書けば書くほど、何も分かっていないことを思い知らされます。勉強不足を棚にあげ、訳知り顔で自分の考えを語る恥ずかしさを感じます。

特に強く思うのは、時代の流れの速さと自分自身の勘違いです。

たとえば、執筆中に触れた文献やテレビなどの情報に書き直しを迫られることがたびたびありました。スポーツの分析に関する進化は日進月歩で、2か月前に書いた原稿に手直ししないといけませんでした。

漫画の読みの変化について書いた後に、「もう子供たちは漫画すら読んでいませんよ」と指摘を受けました。授業研究についても、近年、校内研究と教育団体の研究会の違いが目立ってきており、校内研究の共同性が薄れていることを知りました。自分の見方や考え方にずれが生まれているのです。

「今、現在、自分が見ているこの世界が、これまで自分が見てきた世界と同じだ」と思うことは、不遜でしょう。何か一つ変化すれば、それは他の資源の変化につながります。ネットワークで構築されている人や社会は、一瞬たりとも同じ場所にとどまってはいません。

現実は日々デザインし直され続けています。本書も例外ではなく、一文、一言が私の現時点における解釈にすぎないと、自戒をこめて「言い訳」しておきたいと思います。

とはいえ、本書がめざしたこともあります。一言で表せば「不易と流行」の自覚です。「流行」や変化などは、自分を否定されそうであっても、その在りようを受け入れ、謙虚になることが大切です。同時に、変化し続ける現実を受け入れつつも、大事な「不易」は、現代の文脈においても大事にせねばならないと思います。

前半は、主に「流行」として、子供という概念自体が怪しいことや学力が変化し続けていることについて述べ、後半は、主に「不易」として、教師が子供の姿を根拠に語り合い、子供の存在を認め励ますことの大切さを書きました。

本書の全体を通して一番伝えたかったのは、子供は自分一人だけで子供になれるわけではないということです。子供は、文化や社会、学校制度、教室、友達など多くの資源に囲まれて、はじめて「子供」になることができます。

それらのなかでも、特に重要な資源が教師です。

学習を子供から見ることができる教師、子供を感じながら子供と語り合える教師、そんな「かけがえのない教師」がいて、はじめて子供は、「かけがえのない子供」になれるのです。それは信念に近い思いで、自分の授業や講演などでも必ずつけ加えていることです。
私は、縁あって学習指導要領の改訂に3回携わりました。今回の改訂が最も大きい改革だと感じています。

「教科」ではなく、子供の「学力」を育てることで教育課程が貫かれています。学校を重要な社会的装置として定位し直そうとしています。中央教育審議会の答申には様々な学問の新しい知見が取り入れられており、読んでいてゾクゾクしました。おそらく第2章の資料9「子供と先生、学校、社会の関係」(48頁)の図中のすべての矢印を逆向きに……つまり、学校から社会や未来をつくり出すのだという志すら感じます。

そんな私も、今年で還暦を迎えます。もう、これ以上伸びる世代ではありません。今回の改訂を教室で実践する側には戻れません。自分の受けたバトンは、若者と子供たちに託さねばならないのです。

「汝、何の為に、其処に在り也」

秋田県立秋田高等学校第28代校長の鈴木健次郎の一言です。

鈴木は昭和5年に東京帝国大学法学部を卒業し、カトリック本郷教会で洗礼を受けた後、日本青年会館で青年教育に従事しました。第二次世界大戦後は、文部省(当時)で主に社会教育にかかわった後、福岡県教育委員会、日本教育テレビを経て、昭和38年に母校である秋田高校の校長となります[1]。

この言葉は、鈴木が生徒に繰り返し語っていた言葉だと言います。「いつ」「どんなとき」「どこで」「誰に」この問いを発せられても、常にそれを断言できる生き方をしてほしいという意味のようです。

かつて文部科学省の同僚[2]が「迷ったときに、この言葉を見るんです。私のモットーです」と教えてくれました。それ以来、私自身のモットーになりました。今でも、彼からもらったA４の紙を研究室に掲示し、迷ったときに、この言葉を見直しています。

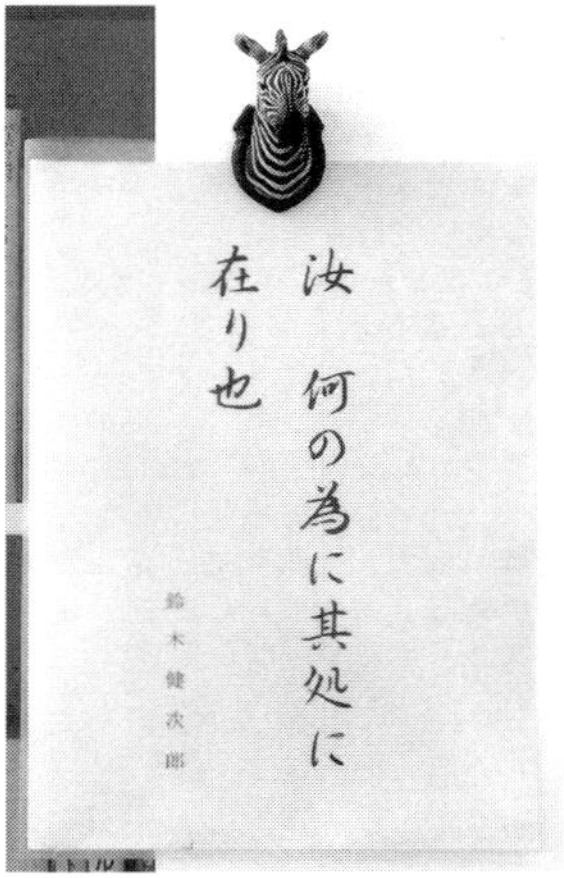

本書をまとめた最も大きな理由がこの言葉にあります。ネットワークの一結節点にすぎないけれども、恥をさらし、批判されることも含めて、本書が、読者の何かのきっかけになればありがたいと思います。

平成30年6月吉日

〈注①〉柴山芳隆　秋田県立秋田高等学校同窓会ホームページより　http://akitahs-doso.jp/libra/56
鈴木の業績については『鈴木健次郎集』（全三巻）秋田県青年会館（１９７４年）に詳しい。

〈注②〉明星大学教授　吉冨芳正

奥村高明 Okumura Takaaki
日本体育大学児童スポーツ教育学部教授

〈主な経歴〉博士（芸術学）。宮崎県内の小・中学校教諭、宮崎大学教育学部附属小学校文部教官教諭、宮崎県立美術館学芸員、国立教育政策研究所教育課程調査官（併）文部科学省教科調査官、聖徳大学教授、児童学部長などを経て、現職。平成10年、平成20年、平成29年の小学校学習指導要領図画工作科及び解説書、特定の課題に関する調査（図画工作）、教育課程実施状況調査等に委員や担当官として関わる。専門は、図画工作教育、鑑賞教育、美術館との連携など。アートカードや鑑賞アクティビティツールなどの教材、著書や雑誌論説、学会論文等多数。

〈主な著書〉奥村高明著『子どもの絵の見方―子どもの世界を鑑賞するまなざし』東洋館出版社、2010年／ロンドン・テートギャラリー編、奥村高明・長田謙一監訳『美術館活用術 鑑賞教育の手引き』美術出版、2012年／奥村高明著『エグゼクティブは美術館に集う―「脳力」を覚醒する美術鑑賞』光村図書出版、2015年／月刊 Web マガジン「学び！と美術」日本文教出版、2012年から連載中、ほか多数。

マナビズム

「知識」は変化し、「学力」は進化する

2018（平成30）年6月30日　初版第1刷発行

著　者　奥村高明
発行者　錦織圭之介
発行所　株式会社　東洋館出版社
〒113-0021　東京都文京区本駒込5-16-7
営業部　電話 03-3823-9206／FAX 03-3823-9208
編集部　電話 03-3823-9207／FAX 03-3823-9209
振替　00180-7-96823
URL　http://www.toyokan.co.jp
装　幀　中濱健治
印　刷　岩岡印刷株式会社
製　本　牧製本印刷株式会社

ISBN978-4-491-03549-9　Printed in Japan